Alfred Wieszner

Das Pfandrecht an der eigenen Sache, nach römischen Recht

Alfred Wieszner

Das Pfandrecht an der eigenen Sache, nach römischen Recht

ISBN/EAN: 9783743611818

Hergestellt in Europa, USA, Kanada, Australien, Japan

Cover: Foto ©Suzi / pixelio.de

Manufactured and distributed by brebook publishing software
(www.brebook.com)

Alfred Wieszner

Das Pfandrecht an der eigenen Sache, nach römischen Recht

.

Das Pfandrecht an der eigenen Sache nach römischem Recht.

Inaugural-Dissertation,

welche

nebst beigefügten Thesen

mit Genehmigung der juristischen Fakultät der Universität Breslau

zur

Erlangung der juristischen Doktorwürde

Donnerstag, den 18. Mai 1893, Mittags 12 Uhr

in der Aula Leopoldina

gegen die Herren Opponenten

Heinrich Hedicke, Referendar

Fritz Keuhl, Referendar

öffentlich verteidigen wird

Alfred Wieszner

Referendar.

Breslau 1893.

Schletter'sche Buchhandlung (Franck & Weigert)

Inhaber: A. Kurtze.

Einleitung.

§ 1.

In den Quellen findet sich der Satz: Kein Pfandrecht an der eigenen Sache.

Ob ein Pfandrecht an der eigenen Sache möglich sei, diese Frage ist erst in unserem Jahrhundert wiederum Gegenstand näherer Erörterung geworden.

Wening-Ingenheim (1831) gab die Anregung hierzu und seitdem haben viele Juristen diese Streitfrage behandelt, in neuester Zeit besonders eingehend Buchka und Kuhlmann (in bejahender Weise). Doch wie gesagt, nicht zum ersten Mal beschäftigte man sich mit diesem Thema. Dies that z. B. schon Fachinaeus und namentlich Bachovius.

Wening-Ingenheim, das Pfandrecht an eigener Sache im Archiv f. civ. Praxis VI., No. 5. 1831. — Buchka, die Hypothek des Eigentümers, Wismar, Rostock und Ludwigslust 1875. — Kuhlmann, die Hypothek des Eigentümers. Leipzig 1881. — Fachinaeus, controversiarum juris civ. lib. XII. c. 32. p. 947. Coloniae Agripp. 1648. — Bachovius, de pignoribus et hypoth. lib. II. c. 14. S. 146—148 Frankfurt und Rostock 1656.

Im allgemeinen war bis in dieses Jahrhundert der Satz, „kein Pfandrecht an der eigenen Sache" als unumstößliches Axiom in der Jurisprudenz anerkannt. In der That muß man zugeben, daß eigentlich nichts natürlicher wie diese Behauptung ist, da das Pfandrecht zweifellos zur Sicherung einer Forderung dienen soll und der Gläubiger seine eigene Sache als ein derartiges Sicherungsmittel nicht gebrauchen kann.

Daher erhob sich auch, wie vorauszusehen, ein nicht geringer Widerspruch, als Wening-Ingenheim von neuem die Möglichkeit eines Pfandrechts an der eigenen Sache zu behaupten wagte.

1

Puchta erklärte ein Pfandrecht an der eigenen Sache für einen monstrosen Begriff. Der preußische Justizminister Leonhardt sprach sich dahin aus, daß die Hypothek des Eigentümers sich jeder juristischen Konstruktion entziehe und allen juristischen Begriffen widerspreche. Bremer meint, der Begriff des Pfandrechts an der eigenen Sache enthalte einen Widerspruch in sich selbst.

Puchta, Pandekten 12. Aufl. von Schirmer, Leipzig 1877 § 202. No. 1. — Leonhardt, in der Sitzung des preuß. Abgeordnetenhauses vom 30. Nov. 1868, vgl. die preuß. Gesetzentwürfe über Hypothekenrecht und Grundeigentum nebst Motiven herausgeg. vom Kgl. Justizministerium. 1869. S. 163. — Bremer, Hypothek und Grundschuld. Göttingen 1869. S. 48.

Man stützte sich hierbei hauptsächlich auf folgende Quellenstellen:

l. 45 pr. D. de div. reg. jur. 50,17:

Ulpianus lib. 30 ad Edict.

Neque pignus neque depositum neque precarium neque emtio neque locatio rei suae consistere potest.

Zweifellos ist — abgesehen von dem übrigen Inhalt — der Sinn dieses Satzes: ein Pfandrecht an der eigenen Sache ist nicht möglich.

Wenn nun Kuhlmann pignus in dem Sinn von Faustpfand hier nehmen will und behauptet, aus der Stelle gehe nur hervor, daß ein Faust-pfand an der eigenen Sache undenkbar sei, so läßt sich hierfür kein triftiger Grund anführen. Zwar kann er sich auf die folgende Stelle l. 29 D. de pign. act. 13,7 berufen, wo in der That nur ein Faustpfand gemeint sein kann; aber wie unten gezeigt werden soll, findet sich in der dritten Stelle (l. 33 § 5 D. 41,1) ein Beispiel für Faustpfand und Hypothek, und bei beiden wird ohne Unterschied dieselbe Bemerkung gemacht, daß es ein Pfand-recht an der eigenen Sache nicht gäbe.

Kuhlmann a. C. S. 39. f.

Die zweite Stelle ist die l. 29 D. de pign. act. 13,7:

Julianus lib. 44 Dig.

Si rem alienam bona fide emeris et mihi pignori dederis ac precario rogaveris, deinde me dominus heredem instituerit, desinit pignus esse et sola precarii rogatio supererit: idcirco usucapio tua interpellabitur.

Der bonae fidei Besitzer hat mir eine Sache als Faustpfand gegeben — dazu ist er berechtigt nach l. 21 § 1 D. de pign. 20,1 — und läßt sich den Besitz precario zurücküberragen. Der Eigentümer setzt mich, den

Fauſtpfandgläubiger zum Erben ein, es tritt m. a. W. Konfuſion ein und daher desinit pignus esse.

Drittens findet ſich der erwähnte Satz ausgeſprochen in

l. 33 § 5 D. de usurp. et usuc. 41,3:

Julianus lib. 44 Dig.

Si rem tuam, cum bona fide possiderem, pignori tibi dem, ignoranti tuam esse, desino usucapere, quia non intellegitur quis suae rei pignus contrahere. At si nuda conventione pignus contractum fuerit, nihilominus usucapiam, quia hoc quoque modo nullum pignus contractum videtur:

Sowohl für Fauſtpfand als für Hypothek — dies ergiebt ſich deutlich aus dem: At si nuda conventione pignus contractum fuerit — wird geſagt, daß ein Pfandrecht an der eigenen Sache nicht möglich iſt.

Allgemeine Regel iſt demnach zweifellos: Kein Pfandrecht an der eigenen Sache!

Erſter Teil.

Iſt ein Pfandrecht an der eigenen Sache möglich?

Der Satz »pignus suae rei consistere non potest« findet ſich, wie wir ſahen, in der That mehrfach in den Quellen. Daß aber trotzdem in gewiſſen Fällen die Römer auch von dieſer allgemeinen Regel Ausnahmen zuließen, m. a. W. daß ſie auch ein Pfandrecht an der eigenen Sache als möglich betrachteten, das ſoll im Folgenden aus den Quellen nachgewieſen werden.

Erſter Abſchnitt.

Ein Pfandrecht an der eigenen Sache iſt möglich, wenn der vorgehende Pfandgläubiger das Eigentum der ihm verpfändeten Sache erwirbt.

Aus drei Quellenſtellen ergiebt ſich, daß ein Pfandrecht an der eigenen Sache möglich iſt, wenn der (in der Priorität) vorgehende Pfandgläubiger das Eigentum der ihm verpfändeten Sache erwirbt. Es ſind dies die l. 30

1*

§ 1 D. de exc. rei jud. 44,2 (lex Latinus Largus), bie l. 1 C. si anti-
quior 8.19 unb bie l. 59 pr. D). ad Sctum Treb. 36,1, welche im Folgenden
befonbers erörtert werben follen.

I. Die lex Latinus Largus (l. 30 § 1 D. de exc. rei Jud. 44,2).

§ 2.

Inhalt ber l. 30 § 1 D. cit.

Die intereffantefte unb beftrittenfte Quellenftelle für bie Behauptung,
baß ein Pfanbrecht an ber eigenen Sache möglich ift, wenn ber vorgehenbe
Pfanbgläubiger bas Eigentum ber ihm verpfänbeten Sache erwirbt, ift bie
berühmte lex Latinus Largus. Diefelbe lautet:

Paulus lib. 14. quaestionum.

Latinus Largus: Cum de hereditate inter Maevium, ad quem
pertinebat et Titium, qui controversiam moverat, transigeretur, traditio
rerum hereditariarum Maevio heredi a Titio facta est, in qua traditione
etiam fundum ei suum proprium, quem ante multos annos avo ejusdem Maevii heredis obligaverat, quemque alii postea in obligationem
deduxerat, ex causa pacti tradidit. his gestis posterior Titii creditor
jus suum persecutus est et obtinuit. post hoc judicium Maevius heres
reperit in rebus avitis chirographum ejusdem Titii ante multos annos
conscriptum, per quod apparuit, eum fundum, qui in causam trans-
actionis venerat, etiam avo suo ab eodem Titio fuisse obligatum. cum
ergo constet, prius avo Maevii heredis in obligationem eundem fundum
datum, de quo Maevius superatus est: Quaero, an jus avi sui, quod
tunc, cum de eodem fundo ageretur, ignorabat, nulla exceptione opposita exsequi possit. Respondi, si de proprietate fundi litigatur, et
secundum actorem pronuntiatum fuisset, diceremus, petenti ei, qui in
priore judicio victus est, obstaturam rei judicatae exceptionem, quoniam de ejus quoque jure quaesitum videtur, cum actor petitionem
implet. quod si possessor absolutus, amissa possessione eundem ab
eodem, qui prius non obtinuit, peteret, non obesset ei exceptio: nihil
enim in suo judicio de jure ejus statutum videretur. Cum autem
pigneraticia actum est adversus priorem creditorem, potest fieri, ut de
jure possessoris non sit quaesitum, quia non ut in proprietatis quaestione, quod meum est, alterius non est, ita in obligatione utique con-

sequens est, ut non sit alii obligatum, quod hic probavit sibi teneri. Et probabilius dicitur, non obstare exceptionem: quoniam de jure possessoris quaesitum non est.

In proposita autem quaestione magis me illud movet, numquid pignoris jus exstinctum sit dominio acquisito. neque enim potest pignus perseverare domino constituto creditore: actio tamen pigneraticia competit. verum est enim et pignori datum et satisfactum non esse. quare puto non obstare rei judicatae exceptionem.

Der Fall selbst liegt ganz klar und bietet keinerlei Schwierigkeiten: Ein Erbschaftsstreit zwischen dem Erben Mävius und dem Erbschafts= prätendenten Titius wird durch Vergleich beendigt. Titius übergiebt infolge dessen dem Erben Erbschaftssachen und außerdem ein ihm eigentümlich ge= hörendes Grundstück. Auf demselben lastete eine Hypothek seitens des X. Letzterer stellte die actio hypothecaria gegen den Mävius an und zwar mit Erfolg: Mävius mußte das Grundstück an X. herausgeben. Erst einige Zeit nach diesem Prozesse findet Mävius im Nachlaß seines Großvaters eine Urkunde, laut welcher das erwähnte Grundstück seinem Großvater schon vor dem X. verpfändet worden war. Kann er nun diese erste Hypothek, die ihm bei dem oben erwähnten Prozesse nicht bekannt war, gegen den jetzt besitzenden Nachhypothekar geltend machen oder steht dem etwa die exceptio rei judicatae entgegen?

Die Rechtskraft des letzten Prozesses, so entscheidet Paulus, lege der Erhebung der Pfandklage seitens des Mävius keine Schwierigkeiten in den Weg; denn der Prozeß habe nur entschieden, daß der X. ein Pfandrecht an dem Grundstück habe. Daraus folge nicht, daß nicht auch ein anderer an demselben Grundstück ein Pfandrecht — und zwar ein besseres — haben könne, da ja eine Sache mehreren verpfändet sein könne. Habe also jemand ein Pfandrecht geltend gemacht und sei er damit durchgedrungen, so könne der unterliegende Beklagte immer noch später wegen eines ihm zustehenden besseren Pfandrechts die Pfandklage erheben. Anders stehe es, wenn man sich um das Eigentum des Grundstücks gestritten hätte. Wenn in einem Urteil das Eigentum an einer Sache jemandem zugesprochen werde, so folge notwendig daraus, daß es dem Gegner abgesprochen werde. Letzterem würde dann die exceptio rei judicatae allerdings entgegenstehen, wenn er als Kläger mit der Eigentumsklage etwa auftreten wolle.

Also die exceptio rei jud. würde im obigen Fall dem Mävius nicht entgegenstehen, wenn er sein besseres Pfandrecht gegen den X. geltend machen wolle. Aber, so fährt Paulus fort und kommt damit auf die uns hier hauptsächlich interessirende Frage: Ist etwa das Pfandrecht durch Erwerb des Eigentums erloschen? In dieser Hinsicht äußert sich der berühmte römische, Jurist folgendermaßen:

In proposita autem quaestione magis me illud movet, numquid pignoris jus exstinctum sit dominio acquisito? Neque enim potest pignus perseverare domino constituto creditore. actio tamen pigneraticia competit, verum est enim et pignori datum et satisfactum non esse. Quare puto non obstare rei judicatae exceptionem.

Aus diesen Worten, so sagte man gewöhnlich früher — doch auch ein Puchta und Dernburg haben sich dieser Meinung angeschlossen — geht deutlich hervor, daß es ein Pfandrecht an der eigenen Sache nicht giebt. Paulus berufe sich ausdrücklich auf die allgemeine Rechtsregel: neque enim potest pignus perseverare domino constituto creditore.

Trotzdem fährt er fort: actio tamen pigneraticia — i. e. hypothecaria — competit. Wie ist dies nun zu erklären? Liegt darin nicht ein Widerspruch, und wie ist derselbe zu lösen?

§ 3.
Die Glosse ad l. cit.

Am einfachsten verfährt die Glosse: Sie bemerkt, daß hier ein Eigentumsübergang nicht stattgefunden habe:

Accursius ad voc. Constituto: hic non fuit dominus, cum tradens dederit quasi rem accipientis et accipiens eodem animo accepit credens esse hereditatis. Eigentum sei nicht vorhanden, sondern nur Pfandrecht! Dann wäre allerdings die Gewährung der actio hypothecaria sehr natürlich.

Wie willkürlich diese Interpretation der Glosse ist, liegt auf der Hand. Außerdem widerspricht sie den Worten der Quellenstelle: numquid pignoris jus exstinctum sit dominio acquisito. Ebenso heißt es in den Basiliken 41,1 (ed. Heimbach V. p. 91. sq.): ἀποποιηθείσης μοι τῆς δεσποτείας τοῦ ἀγροῦ. Zu welchem Zweck würde denn Paulus überhaupt dann diese ganze Frage aufwerfen und weiter noch dazu bemerken: neque enim potest pignus perseverare domino constituto creditore?

Auf diese Weise darf man nicht verfahren. Die Ansicht der Glosse ist völlig unhaltbar und verdient nicht die geringste Beachtung.

§ 4.

Ist in der l. 30 § 1 cit. nur eine Pfandklage gegeben oder liegt hier ein wirkliches Pfandrecht an der eigenen Sache vor?

Auf dem entgegengesetzten Wege suchen Ant. Faber, Cujacius, Jungenfeldt, Dernburg und Brinz ihren Satz „kein Pfandrecht an der eigenen Sache" als Regel ohne Ausnahme aufrecht zu erhalten. Eigentum sei vorhanden, aber kein Pfandrecht daneben; denn die Fortdauer des Pfandrechts nach dem Erwerb des Eigentums an der Pfand=sache durch den Pfandgläubiger verwerfe Paulus ausdrücklich, dagegen die actio hypothecaria gestehe er dem Eigentümer immer noch zu. So z. B. Cujacius ad l. 45 D. de div. reg. jur.: pignus tollitur acquisitione dominii, licet non semper actio hypothecaria tollatur.[1]

> Faber, Conject. jur. civ. VII, 18. p. 52. Lugduni 1595. — Cujacius ad l. 45. D. de div. reg. jur. O. O. VIII. p. 776. Neapolis 1758. — Gebult v. Jungenfeldt, über das Pfandrecht an der eigenen Sache § 11, S. 29—34. Gießen 1827. — Dernburg, Pandekten I § 292, 3. No. 8. Berlin. 3. Aufl. 1892; Pfandrecht nach den Grundsätzen des heut. röm. Rechts, Leipzig 1864/66. Bd. II. S. 571—73. — Brinz, Pandekten I. § 79 i. f. S. 302 f. Erlangen 1860.

Jungenfeldt insbesondere (a. O. S. 29 und 33) glaubt jede Schwierigkeit dadurch zu überwinden, daß er die hier gestattete pignoraticia actio für eine utilis d. h. ficticia ansieht; auf diese Art „werde nicht vor=ausgesetzt, daß der Kläger Pfandgläubiger sei, sondern nur, daß er infolge juristischer Fiktionen als ein Pfandgläubiger behandelt werde."

Doch ganz überflüssiger Weise nimmt Jungenfeldt seine Zuflucht zu einer ficticia actio. Wie sich aus dem Folgenden — vergl. S. 8. f. — ergeben wird, konnte auf Grund der formula der actio hypothecaria der ehe=malige Pfandgläubiger, der jetzt Eigentümer geworden war und damit nach der Ansicht von Jungenfeldt, Dernburg u. a. aufgehört hatte Pfandgläubiger zu sein, ohne weiteres die actio anstellen; eine fictio war nicht nötig zu diesem Zwecke.

---

[1] An einer anderen Stelle ad leg. 30 § 1 do exc. rei jud. (O. O. V. p. 1104—6) scheint Cujacius der Meinung zu sein, daß ein Pfandrecht nur an fremder Sache entstehen könne, aber unter Umständen fortdauern könne, wenn man das Eigentum dieser Sache erhalte.

Auf dieſe nur ganz wenig von der gewöhnlichen Meinung (Faber, Dernburg u. a.) abweichenden Auffaſſung wird daher weiter keine Rückſicht genommen werden.

Dernburg alſo, der als neueſter und eifrigſter Verteidiger der eben erwähnten Anſicht hier vor allem in Betracht kommt, nimmt Untergang des jus in re durch Konfuſion an und läßt die Klage fortbeſtehen. In der That ſtimmen damit auch die Baſiliken LI., 2 (ed. Heimbach V. p. 91. sq.) überein:

Ἐπὶ δὲ τοῦ προκειμένου θέματος περιποιηθείσης μοι τῆς δεσποτείας τοῦ ἀγροῦ, ἡ μὲν ὑποθήκη λύεται, ἡ δὲ περὶ τῆς ὑποθήκης ἀγωγὴ σώζεται, ἐπειδὴ καὶ ἐνέχυρον ἐδόθη καὶ τὸ χρέος οὐ κατεβλήθη.

Wenn Dernburg in ſeiner weiteren Auseinanderſetzung ausführt, daß das Fortbeſtehen der Pfandklage auf die Faſſung der Formel zurückzuführen ſei, ſo ſind ſämtliche Erklärer dieſer Stelle mit ihm einig.

Die Formel der actio hypothecaria lautete:

Iudex esto . . . Si paret Stichum q. d. a. Lucii Titii in bonis fuisse eo tempore, quo inter Aulum Agerium et Lucium Titium convenit, ut Stichus q. d. a. propter pecuniam creditam Aulo Agerio pignoris nomine sit obligatus eamque pecuniam solutam non esse neque eo nomine satisfactum esse neque per A^m. A^m. stare, quo minus pecunia solvatur, nisi Numerius Negidius A^o. A^o. arbitratu tuo restituet, judex N^m. N^m. A^o. A^o., quanti Stichus q. d. a. erit, condemna; s. n. p. a.

Dernburg, Pfandrecht I., § 7, S. 81. — Vgl. auch: Bachofen, das röm. Pfandrecht, Baſel 1847, S. 48 und 637 f. — Lenel, Edictum perpetuum, Leipzig 1883, S. 397. — Keller in Schneider und Richter, krit. Jahrb. 11. Jahrg. Bd. 22. (1847) S. 981 f. — Arndts, Pandekten, 12. Aufl. von Pfaff und Hofmann, Stuttgart 1883, § 378, Anm. 1.

Vorausſetzung dieſer in factum concepta formula war alſo nur, daß ein Pfandvertrag abgeſchloſſen war, und daß weder solutio noch satisfactio des Gläubigers eingetreten iſt.

Beide Vorausſetzungen der Pfandklage ſeien alſo ohne Zweifel noch vorhanden, wenn das Pfandrecht durch Konfuſion — wie in dieſem Fall, wo der vorgehende Pfandgläubiger das Eigentum der ihm verpfändeten Sache erwarb — untergegangen ſei. Daher ſtehe denn auch hier dem Mävius ſeine Pfandklage noch zu, obgleich ſein Pfandrecht erloſchen iſt.

In der That muß man Dernburg zugeben, daß diese Erklärung dem Wortlaut der Stelle allein entspreche. Ob sie dagegen den Sinn wiedergiebt, den Paulus hineinlegte, ist eine andere Frage. Und wohl mit Recht nennt Windscheid es unrömisch, den Satz aufzustellen, daß die Pfandklage nach Untergang des Pfandrechts fortbestehen solle. Auch Jhering hält dies für eine völlig verfehlte Idee und vermag dem Paulus eine so verunglückte Ansicht nicht zuzutrauen.

Dernburg, Pfandrecht II., S. 572 No. 14. — Windscheid, Pandekten, 5. Aufl., Stuttgart 1879, Bd. I., § 248 No. 26. — Jhering in Jhering's Jahrbüchern für die Dogmatik des heut. röm. und deutschen Rechts (cit. Dogm. Jahrb.) Bd. X., S. 453 f. No. 77.

Wo findet sich je ein solches Beispiel? Wie sollte man darauf verfallen, eine actio zu geben, wo kein Recht zu schützen ist? Umgekehrt, wo eine actio nicht gewährt ist, z. B. wenn die Klage durch Verjährung untergegangen ist, da kann wohl das Recht selbständig weiter bestehen, obgleich es durch eine Klage nicht mehr geschützt ist. Sicherlich ist also hier mit den Worten actio tamen pigneraticia competit gemeint: die Pfandklage steht zu, also natürlich auch das Pfandrecht.

Unmöglich kann man annehmen, daß Paulus einzig und allein auf Grund des Wortlauts der formula das Fortbestehen der actio hypothecaria zugestanden habe, während er das Fortbestehen des Pfandrechts für ein Unding ansah. Wie denkt sich nun Dernburg überhaupt die ganze Sache? Soviel ist doch klar, daß sich ein Widerspruch darin findet: der Eigentümer hat kein Pfandrecht; er wird aber, da ihm die rei vindicatio nichts nützt, gegen den zweiten Pfandgläubiger geschützt durch die hypotheca actio, — er hat zwar kein Pfandrecht, wird aber behandelt wie ein Pfandgläubiger. Doch wenn Dernburg nun annimmt, daß sein Pfandrecht durch den Eigentumserwerb untergegangen ist, wie verträgt sich Folgendes damit: es kann das jus offerendi gegen ihn ausgeübt werden — c. 1 C. si antiq. 8,19, auf diese Stelle wird unten S. 17 ff. noch näher eingegangen werden, vgl. auch) l. 3 § 1 D. de distr. pign. 20,5 unten S. 32 f. und S. 35. — Sollte denn dies eine Folge der ihm gewährten actio hypothecaria sein? Unmöglich! Dies kann nur seinen Grund im Pfandrecht haben.

Eine größere Schwierigkeit könnte der eingeschobene Satz: »neque enim potest pignus perseverare domino constituto creditore« bieten.

Faßt man diesen Satz auf als Antwort auf Paulus Frage: »numquid pignoris jus exstinctum sit dominio acquisito« und hält man ihn für ein anerkanntes Axiom, wie es z. B. Dernburg thut, so kommt man dann allerdings in die Lage, das Fortbestehen des Pfandrechts zu leugnen und eine Pfandklage ohne Pfandrecht annehmen zu müssen, welche Ansicht die oben angeführten Bedenklichkeiten gegen sich hat.

Dernburg, Pfandrecht II., S. 572⁴.

Betrachtet man dagegen diese Worte als einen von Paulus sich selbst gemachten Einwurf, als einen vorangestellten Zweifelsgrund, — und dazu ist man vollauf berechtigt, da bei Paulus auch sonst hin und wieder diese Ausdrucksweise sich findet,[1] so heben sich alle Schwierigkeiten von selbst.

Diese Ratio dubitandi liegt ja auch sehr nahe. Denn, wenn ein Pfandgläubiger Eigentümer des Pfandgegenstandes wird, hört in der Regel das Pfandrecht auf, seine Fortdauer ist ohne Interesse und ohne Zweck. Immer aber ist dies nicht der Fall, so z. B. hier, wo ja nur das fort= dauernde Pfandrecht den Eigentümer gegen die nachstehenden Pfandgläubiger schützen kann. Daher berichtigt sich Paulus sofort mit den Worten: actio tamen pigneraticia competit: verum est enim et pignori datum et satis-factum non esse.

Daß nun Paulus seinen Zweifelsgrund beseitigt mit Hinweis auf die durch die Worte der Klagformel bedingte Fortdauer der actio hypothecaria, darf durchaus nicht Wunder nehmen. Denn erstens erledigt er diese uns hier hauptsächlich interessirende Frage doch nur nebenbei — sein responsum bezieht sich ja eigentlich bloß auf die exceptio rei judicatae --; nur in den Schlußworten berührt er kurz die Frage nach dem Untergang des Pfandrechts durch Konfusion, wenn der Gläubiger das Eigentum an der Pfandsache erwirbt.

Und ferner lag ja auch nichts näher, als auf die Worte der Formel zu verweisen, nach denen hier die actio hypothecaria ohne weiteres angestellt und somit das Pfandrecht geltend gemacht werden konnte. Diese Bequemlich= keit, die Fortdauer des Pfandrechts unter Bezugnahme auf die Formelworte zu bejahen, war hier außerdem um so verzeihlicher, als es ja gar nicht in der Absicht des Paulus lag, schulgemäß auseinanderzusetzen, in welchen Fällen der Satz: „Ein Pfandrecht an der eigenen Sache ist nicht möglich"

---

[1] So z. B. in l. 19 D. de inoff. test. 5,2, wo der Satz: Itaque dici potest, eam quae omissa est, etiam si totam hereditatem ab intestato petat et obtineat, solam habituram universam successionem etc. richtig gestellt wird durch das folgende: Sed non est admittendum, ut adversus sororem audiatur agendo do inofficioso. Vgl. G. Hartmann, über die querela inoff. testam. Basel 1864. S. 14 f.; ders. in dogm. Jahrb. XVII., S. 104 No. 1.

Ausnahmen gestattet, bezw. in welchen Fällen es ein Pfandrecht an der eigenen Sache giebt.

Auf diese Weise wird jetzt von den meisten Schriftstellern dieser Satz erklärt.

Buchka, a. O. S. 24 f. — Francke, Civil. Abhandlungen, Göttingen 1826, No. 2, S. 112 f. — G. Hartmann, in Dogm. Jahrb. XVII., S. 100 f. — Ihering, a. O. X., S. 451 f. — Muther, in Jenaer Litteraturzeitung 1875, No. 47, S. 819. — Sintenis, Pfandrechtl. Streitfragen, 1. Heft. Zerbst 1835, S. 82. ff. — Bening-Ingenheim, a. O. S. 141 ff. — Windscheid, Pand. 1., § 248 No. 26.

§ 5.

Ist bei dem pignus dieser lex an ein Faustpfand gedacht?

Zu gleichem Resultate kommen auch Büchel, Bachofen und Kuhl= mann, jedoch auf besonderem Wege. Alle drei sind darin einig, daß der Satz: »neque enim potest pignus perseverare domino constituto credi= tore« keinen Zweifelsgrund, wie eben auseinandergesetzt wurde, enthalte; andererseits sind sie wiederum weit entfernt davon, aus dem folgenden Satz: »actio tamen pigneraticia competit« zu folgern, daß die Pfandklage ohne Pfandrecht bestehe. Wie lösen sie also diesen offenbaren Widerspruch der beiden Sätze? Einfach dadurch, daß sie unter pignus das Faustpfandver= hältnis (Büchel), Pfandbesitz (Bachofen), Faustpfand (Kuhlmann) an= nehmen. Paulus habe also sagen wollen: Ein Faustpfand, pignus im engeren Sinne an der eigenen Sache ist unmöglich, dagegen das pignus im weiteren Sinne, die Hypothek — das Pfandrecht ohne Faustpfandverhältnis — kann fortbestehen trotz Eigentumserwerbs. Dies Fortbestehen des Pfand= rechts ergebe sich aus actio tamen pigneraticia competit. Es sei derselbe Grundsatz, der sich ausgesprochen finde in der oben (S. 2) erwähnten l. 45 D. de div. reg. jur. 50, 17.

Büchel, Civilrechtl. Erörterungen, Marburg 1833 34, I. 2 S. 95—97. — Bachofen, a. O. S. 84 ff. — Kuhlmann, a. O. S. 45—51.

Wie aber schon oben in der Einleitung (S. 2 f.) ausgeführt wurde, kann man pignus in dieser Weise nicht verstehen. Vielmehr ergiebt sich als allgemeine Regel aus dieser und den beiden anderen in der Einleitung erwähnten Stellen, daß unter pignus das Pfandrecht überhaupt ohne Unter= schied hinsichtlich der Form als dingliches Recht gemeint ist, daß ein Pfand= recht an der eigenen Sache nicht möglich ist.

Daß aber im neueren Rechte sich ein solcher Unterschied in der Auf=
fassung des Pfandrechts nachweisen lasse, dafür ist uns Büchel und ebenso
auch Kuhlmann, der im allgemeinen, wenigstens im Resultat, der gleichen
Ansicht huldigt, den Beweis schuldig geblieben. Dagegen haben wir für
die entgegengesetzte Ansicht klare Quellenzeugnisse:

l. 5 § 1 D. de pign. et hyp. 20, 1:
Marcianus lib. sing. ad form. hypoth.
Inter pignus autem et hypothecam tantum nominis sonus differt.

Damit ist also gesagt, daß das neuere Pfandrecht das pignus und
die hypotheca umfasse ohne jeden Unterschied. Das Pfandrecht unterliegt
also nicht verschiedenen Rechtsgrundsätzen, je nachdem es pignus oder
hypotheca ist, sondern das Pfandrecht hat immer dieselbe Wirkung.

So heißt es auch in § 7 J. de act. IV, 6:
Inter pignus autem et hypothecam quantum ad actionem hypthe-
cariam nihil interest.

Auf die Frage, wie man überhaupt dazu gekommen ist, in dieser lex
den Ausdruck pignus für Faustpfand zu nehmen, giebt nur Kuhlmann
(a. O. S. 45 f.) eine Antwort. Er glaubt aus folgenden Gründen ein
Faustpfand hier annehmen zu müssen: Dreimal sei die traditio des fundus
hervorgehoben, und damit habe Paulus bezweckt, einen Zweifel darüber,
ob den Parteien die Verpfändung bekannt gewesen sei, nicht aufkommen zu
lassen. „Dieses konnte er aber, so fährt Kuhlmann wörtlich fort, nur
durch jene öftere Betonung erreichen, wenn ein Faustpfand vorlag. Denn
hätten die Parteien hiervon Kenntnis gehabt, so wäre eine traditio über=
flüssig gewesen. Titius, welcher sich wie üblich den Besitz precario zurück=
erbeten hatte, brauchte nur zu erklären, er wolle sein Eigentum auf Mävius
übertragen, welcher bereits Besitzer war, die Sache mit dem Willen des
dominus inne hatte.“

Aber die Unbekanntschaft mit der Verpfändung ergiebt sich ja ganz
deutlich aus dem folgenden Satz: »post hoc judicum Maevius heres reperit
in rebus avitis chirographum ejusdem Titii etc.« und noch klarer aus:
»jus avi sui, quod tunc, cum de eodem fundo ageretur, ignorabat.«
Hätte man nun allein aus der Erwähnung der mehrfachen traditio schließen
sollen, daß die Parteien keine Kenntnis von der Verpfändung gehabt hätten,
so müßte man aus Not sich mit den Auseinandersetzungen Kuhlmann's
vielleicht einverstanden erklären. Auf jeden Fall ist die Erklärung äußerst
gekünstelt und willkürlich.

Nimmt man, wie wir es thun, eine Hypothek an, so liegt die Sache ganz klar: Titius als Eigentümer hat das Grundstück hypothekarisch verpfändet; dabei bleibt er natürlich im Besitz. Nimmt man dagegen mit Kuhlmann ein Faustpfand an, so ergeben sich gleich Schwierigkeiten. Wie kommt denn der Eigentümer, wenn er den Besitz an den Faustpfandgläubiger übertragen hat, wieder in den Besitz seines Grundstücks. Hierauf muß Kuhlmann antworten: der Verpfänder Titius habe sich wie üblich den Besitz precario zurückerbeten. Wenn auch nicht geleugnet werden kann, daß derartiges Rückgewähren des Besitzes im römischen Recht möglich und gebräuchlich gewesen ist, so muß es doch sicherlich mit Recht auffallen, daß davon nicht das geringste in der ganzen lex angedeutet ist, trotzdem dieselbe sonst an Weitläufigkeit und Ausführlichkeit nichts zu wünschen übrig läßt. Außerdem könnte man wohl mit vollem Recht dann von Paulus verlangen, daß er — sollte wirklich hier pignus einen Gegensatz zu hypotheca bilden — größerer Deutlichkeit sich befleißigt hätte und diesen Gegensatz in irgend einer Weise hervorgehoben hätte.

Auf jeden Fall verdient die hier verteidigte Ansicht schon wegen ihrer Natürlichkeit und Ungezwungenheit den Vorzug.

§ 6.

Es ist nicht erforderlich, daß der Eigentum erwerbende Pfandgläubiger mit dem ihm zustehenden Pfandrecht unbekannt sei.

Zum Schluß ist es nötig, auf die Ansicht Francke's näher einzugehen. Auch Vangerow, Sintenis und Puchta halten dieselbe für richtig.

Francke, a. O. S. 112—123. — Vangerow, Lehrb. der Pandekten I, § 392 Anm. Nr. 3a Abf. 4. Marburg, 6. Aufl., 1851. — Sintenis, Streitfragen S. 83 ff., S. 94, insbef. S. 98. — Puchta, Vorlesungen über das heut. röm. R., § 202 i. f., Leipzig, 3. Aufl. von Rudorff, 1852.

Francke (a. O. S. 116 f.) glaubt, daß im vorliegenden Fall der Pfandgläubiger sein Pfandrecht nur deswegen nicht durch Konfusion verliere, weil er zu der Zeit, wo er durch Vertrag mit dem Schuldner das Pfand eigentümlich erwarb, keine Kenntnis von dem ihm an der Sache zustehenden Pfandrecht hatte.

In der That hat Francke Recht, wenn er darauf hinweist, daß dieser Umstand (wie schon S. 12 erwähnt ist) zweimal in der Anfrage hervorgehoben werde. Namentlich: quaero, an jus avi sui, quod tunc, cum de eodem fundo ageretur, ignorabat, nulla exceptione opposita exsequi possit? Francke übersieht hierbei jedoch völlig, daß es sich vor allen Dingen um die Entscheidung der Frage handelt, ob etwa die exceptio rei judicatae der Geltendmachung des Pfandrechts entgegenstehe; m. a. W. es war vorher dem Mävius von dem zweiten Pfandgläubiger das Grundstück siegreich abgestritten worden; hinderte nun dieses Urteil den Mävius jetzt, da er von seinem besseren Pfandrecht Kenntnis erhalten hatte, seinerseits die actio hypothecaria anzustellen? Hervorgehoben wird dieses Nichtkennen seines Pfandrechts deshalb, weil eben daraus, daß Mävius sein besseres Pfandrecht gar nicht gekannt hat, auf das deutlichste hervorgeht, daß er dasselbe in diesem Prozesse gar nicht vorgebracht hat, daß also de jure possessoris non sit quaesitum.

Einen weiteren Beweis für die Richtigkeit seiner Meinung sieht Francke in l. 9 D. quib. mod. 20, 6:

Modestinus lib. 4 respons.

Titius Sempronio fundum pignori dedit, et eundem fundum postea Gajo Sejo pignori dedit; atque ita idem Titius Sempronio et Gajo Sejo fundum eundem in assem vendidit, quibus pignori ante dederat in solidum singulis. Quaero, an venditione interposita jus pignoris exstinctum sit: ac per hoc jus solum emptionis apud ambos permanserit. Mondestinus respondit, dominium ad eos, de quibus quaeritur, emptionis jure pertinere: cum consensum mutuo venditioni dedisse proponantur: invicem pigneraticiam actionem eos non habere.

Francke argumentiert nun folgendermaßen aus dieser Stelle zu Gunsten seiner Ansicht: Der Grund weshalb hier das Pfandrecht durch den Eigentumserwerb erlischt, liegt, wie ja Modestinus ausdrücklich sage, in dem zur Veräußerung erteilten Konsens. Im Letzteren sei aber ein freiwilliges Aufgeben des Pfandrechts enthalten: notwendigerweise könne aber nur dann von einem freiwilligen Aufgeben des Pfandrechts gesprochen werden, wenn der Gläubiger, der durch Vertrag das Pfand vom Schuldner zu Eigentum erwerbe, das ihm zustehende Pfandrecht kannte. Kannte er es also nicht, wie in der lex Latinus Largus (oder reservierte er sich sein Pfandrecht durch ausdrücklichen Vorbehalt — Francke a. O. S. 123 —), so bleibt ausnahmsweise aus Billigkeitsrücksichten sein Pfandrecht bestehen; denn satisfactum non est.

Nur auf solche Weise ließe sich eine Vereinigung der beiden Stellen l. 9 cit. und l. 30 § 1 (Latinus Largus) ermöglichen; sonst würde sich ein offenbarer Widerspruch zwischen beiden ergeben, da in ersterer Stelle das Pfandrecht erlösche, in letzterer fortdauere, sobald der Pfandgläubiger Eigentum erwerbe. So erklären sich auf's einfachste beide Entscheidungen. Paulus erkläre in l. 30 § 1 cit. (lex Latinus Largus): Der Gläubiger habe das Pfand vom Schuldner eigentümlich erworben, ohne Kenntnis von seinem Pfandrecht zu haben; hier könne also unmöglich der zur Veräußerung erteilte Konsens eine Verzichtleistung involvieren: also satisfactum non est, also bleibt das Pfandrecht. Modestinus entscheide in l. 9 pr. D. cit.: Beide Teile haben ja ihre Einwilligung zur Veräußerung gegeben: also satis factum est, also ist von einem Pfandrechte keine Rede mehr.

Francke, a. O. S. 117 f. und S. 120.

Allerdings kann nicht geleugnet werden, daß eine jede Zustimmung des Pfandgläubigers zur Veräußerung seines Pfandes einen Verzicht auf das Pfandrecht involviere.

Dernburg, Pfandrecht II., S. 552 f. und Pand. I., § 292, 1.

Wenn aber Francke — ihm schließt sich Sintenis an — behauptet, daß der „Gläubiger, welcher eine ihm verpfändete Sache, wissend, daß sie ihm verpfändet worden, vom Schuldner selbst auf irgend eine Art erwirbt, sein Pfandrecht daran in der Regel verliere, weil zu jedem Erwerbe sein Konsens erforderlich sei", so ist dies offenbar unrichtig. Denn der eigene Erwerb darf nicht als Einwilligung zur Veräußerung an sich selbst auf= gefaßt werden. In solchem Fall wird der Richter schwerlich sagen können: Satisfactum videtur creditori, qui venditioni consensit et dominium quam pignus habere maluit.

Francke, a. O. S. 111 f. und S. 120. — Sintenis, Streitfragen, S. 92¹ und S. 98, I. — Bachofen, a. O. S. 92.

War der Erwerber der einzige Pfandgläubiger, so könnte man diesen Gedanken begründet finden. Sind aber noch Nachhypothekare vorhanden, so ist doch durchaus nicht zu vermuten, daß der Erwerber das Eigentum vorziehe. Dies nützt ihm ja gar nichts; er würde nicht einmal sein Eigen= tum behalten: denn die Nachpfandgläubiger würden ihm die Sache weg= nehmen. Für diese ganze Anschauung Francke's spricht wenig Wahrschein= lichkeit; seine Auffassung findet auch keineswegs in l. 9 pr. cit. eine Stütze. Der Sinn dieser Stelle (vgl. oben S. 14) ist vielmehr folgender:

Titius hat sein Grundstück in solidum erst an Sempronius, dann an Gajus Sejus verpfändet. Er verkauft nun beiden Gläubigern dasselbe. Auf die Frage, ob das Pfandrecht beider erloschen sei, giebt Modestinus die

Antwort, daß sie gegen einander — invicem ·· ihr Pfandrecht nicht geltend machen können, weil jeder seine Zustimmung zu der Veräußerung an den anderen gegeben habe, (worin ein Verzicht auf das Pfandrecht liege).

Aus dem consensum mutuo venditioni dedisse und dem invicem pigneraticiam actionem eos non habere geht doch klar hervor, daß es sich nicht im mindesten um das Pfandrecht an der von jedem selbsterworbenen Hälfte handelt. Ob dieses Pfandrecht durch Konfusion oder durch Konsens untergegangen sei, das kommt ja in dem Falle gar nicht in Betracht. Das zu entscheiden, wäre nur von Belang, wenn noch ein dritter schlechterer Pfandgläubiger jetzt sein Recht geltend machen wollte. Ein solcher wird aber hier gar nicht erwähnt.

> Arndts, a. O. § 390 Anm. 1. — Bachofen, a. O. S. 92., insbes. Anm. 13. — Buchka, a. O. S. 22. — Dernburg, Pfandrecht. II., S. 573. — Kuhlmann a. O. S. 63. Anm. 220. — Puchta, Pand., § 202. Anm. 1. von Rudorff. — Sintenis, Streitfr., S. 87.

Keinesfalls also ergiebt sich, wie Francke, Jungenfeldt und Fritz behaupten, aus l. 9 cit., daß das Pfandrecht der beiden Gläubiger an dem eigenen selbsterworbenen Teil durch Konfusion untergegangen sei. Nur insofern als eben keine Nachhypothekare da sind und das Pfandrecht an der eigenen Sache hier von gar keinem Interesse ist, ist anzunehmen, daß auch das Pfandrecht beider Teile an der eigenen rata durch die Konfusion erloschen sei. Ein Beweis für diese Lehre, daß nämlich das Pfandrecht immer durch Konfusion untergehe, darf jedenfalls in l. 9 pr. cit. durchaus nicht gefunden werden.

> Francke, a. O. S. 111. — Jungenfeldt, a. O. S. 36. — Fritz, Erläuterungen zu Wening-Ingenheim. Freiburg 1834, Bd. I., S. 547 Anm. 360.

Ebenso wenig kann man in dieser l. 9 pr. cit. die entgegengesetzte Ansicht, daß das Pfandrecht durch Konfusion nicht erlösche, verteidigt finden, wie z. B. Wening-Ingenheim glaubt. Denn ein Untergang des Pfandrechts von A. durch Konfusion kann unmöglich eintreten an dem ideellen Teil des anderen Miteigentümers B.

> Wening-Ingenheim, a. O. S. 147 f. — Vgl. Jungenfeldt, a. O. S. 35 f. und Kuhlmann, a. O. S. 63 Anm. 220.

Somit fällt Francke's Ansicht von selbst bei genauerer Betrachtung seines Hauptstützpunktes der l. 9 pr. cit. Das Fortbestehen des Pfandrechts in der lex Latinus Largus hängt nicht ab von dem Nichtvorhandensein des

Konsenses und des darin liegenden Verzichtes. Andererseits wird das Erlöschen des Pfandrechts bei Vorhandensein des Konsenses und des darin liegenden Verzichtes in l. 9 pr. cit. gar nicht in Bezug auf das Pfandrecht an dem eigenen ideellen Teile der Sache behauptet. Sonach entsteht auch nicht der geringste Widerspruch zwischen den beiden Stellen, der wie Francke (a. O. S. 117) glaubt, notwendig sich ergeben müsse, falls man seine Ansicht verwirft.

Positives Ergebnis der lex Latinus Largus ist demnach Folgendes: Ein Pfandrecht an der eigenen Sache ist möglich, wenn der vorgehende Pfandgläubiger das Eigentum der ihm verpfändeten Sache erwirbt.

Arnbts, a. O. § 389 Anm. 2. — Bachofen, a. O. S. 84 ff. — Buchta, a. O. S. 9—25. — Jhering, a. O. X., S. 451 f. — Kuhlmann, a. O. S. 43 ff.' — Bangerow, a. O. I., § 392 Anm. Zif. 3 a Abf. 4. — Wening-Ingenheim, a. O. S. 141 ff. — Windscheid, Pand. I, § 248 Anm. 25—28. — Auch Cujacius in leg. Latinus Largus O. O. tom. V. p. 1106, vgl. oben S. 7.

II. Die c. 1 C. si quis antiq. cred. 8. 19.

§ 7.

Erklärung der lex.

Die Behauptung, daß das Pfandrecht nicht durch Konfusion erlischt, wenn der vorgehende Pfandgläubiger das Eigentum der ihm verpfändeten Sache erwirbt, daß m. a. W. also ein Pfandrecht an der eigenen Sache in diesem Fall möglich ist, wird bestätigt durch

c. 1 C. si quis antiq. 8, 19:

Imp. Alexander. (230.)

Si vendidisset, qui ante pignus accepit, persecutio tibi hypothecaria superesse non posset. Cum autem debitor ipsi priori creditori eadem pignora in solutum dederit, vel vendiderit: non magis tibi persecutio ademta est, quam si aliis easdem res debitor vendidisset. Sed ita persequens res obligatas audieris, si quod eidem possessori propter praecedentis contractus auctoritatem debitum est, obtuleris.

Die Stelle sagt Folgendes: Verkauft der erste Pfandgläubiger, so geht das Pfandrecht des zweiten unter. Hat der Schuldner dem ersten Gläubiger selbst das Pfand an Zahlungsstatt hingegeben oder ihm verkauft, so ist dadurch die persecutio dem Nachpfandgläubiger eben so wenig benommen, wie wenn der Schuldner die Sache einem Dritten (Fremden) verkauft hätte.

2

Vielmehr kann der posterior creditor mit Erfolg sein Pfandrecht geltend machen, wenn er dem prior offeriert und dessen Forderung bezahlt hat: das Pfandrecht des prior bleibt demnach bestehen, trotzdem er Eigentum an der ihm verpfändeten Sache erworben hat.

Wahrscheinlich wurden, wie Kuhlmann wohl mit Recht vermutet, früher die beiden eben dargestellten Fälle gleich behandelt; d. h. also, wenn der Schuldner dem prior creditor die Pfandsache in solutum gab oder ihm dieselbe verkaufte, wobei naturgemäß der Kaufpreis auf die Pfandschuld auf= gerechnet wurde, so gingen dadurch, wie im ersten Fall, die Pfandrechte der posteriores unter. Daß Letztere dabei sehr häufig um die von ihnen erhoffte — denn darauf hin hatten sie ja eigentlich nur ihr Pfandrecht gebaut — hyperocha kamen, ist leicht zu denken.

Kuhlmann, a. O. S. 51 f.

Hätte man nun einfach entschieden, das Pfandrecht des prior geht durch Konfusion unter, so wären allerdings die posteriores vollkommen gesichert, da sie nach römischem Recht selbstverständlich aufrückten, aber andererseits würde der ursprüngliche prior nicht bloß sein besseres Pfandrecht einbüßen, sondern sein nunmehriges Eigentum an der verpfändeten Sache müßte jetzt dem ihm früher nachstehenden Pfandgläubiger weichen: sein Schaden wäre also ebenso bedeutend wie im ersten Fall, (wenn nicht noch unnatürlicher!) ja noch bedeutender, als der Schaden der Nachpfandgläubiger ist, wenn die Entscheidung im vorher erwähnten ersteren Sinne gefällt würde.

Daher entschied Kaiser Alexander im Jahre 230 diesen Fall — wenn der Schuldner dem prior den Pfandgegenstand an Zahlungsstatt hingiebt oder ihm denselben verkauft — dahin, daß die Pfandrechte der posteriores bestehen bleiben sollten, andererseits aber auch, damit der prior nicht geschädigt würde, das Pfandrecht des prior in Kraft bleiben sollte. Somit war beiden Teilen geholfen; ja, ist die von Kuhlmann aufgestellte Vermutung richtig, so hat der Kaiser in der That den Nachpfandgläubigern eine Vergünstigung erteilt. Dem prior creditor konnte die Pfandsache nicht durch die posteriores abgenommen werden; während auf der anderen Seite es den posteriores, wenn sie glaubten durch den Besitz der Pfandsache größere Vorteile zu erlangen, unbenommen blieb, ihr Pfandrecht gegen den prior wie üblich durch das jus offerendi — indem sie demselben seine Pfandforderung auszahlten — auszuüben.

Hervorzuheben ist noch, daß die c. 1 cit. sich dadurch von der lex Latinus Largus unterscheidet, daß hier das Pfandrecht bestehen bleibt, trotz=

dem die Forderung durch Aufrechnung gegen den Kaufpreis oder Hingabe an Zahlungsstatt getilgt ist, während in der lex Latinus Largus die For= derung selbst noch nicht gezahlt ist. Aber weil auch hier der Zweck noch nicht erreicht ist, — denn die Befriedigung des Gläubigers ist ja nur eine scheinbare, weil ihm jeden Augenblick die Sache von den Nachhypothekaren weggenommen werden könnte — bleibt das Pfandrecht fortbestehen; dadurch ist er vor den Nachpfandgläubigern gesichert: sein Pfandrecht allein gewährt ihm Befriedigung.

Nach diesen Ausführungen mögen die abweichenden Erklärungen ihre Widerlegung finden.

§ 8.

Die Ansicht, daß es von Wichtigkeit ist, ob der Erwerber sein Pfandrecht kennt oder nicht, findet auch in dieser lex keine Bestätigung.

(Francke und Sintenis.)

Auch für diese c. 1 C. cit. hat Francke eine besondere Meinung auf= gestellt. Er findet in der citierten Stelle nur die allgemein anerkannte Regel, daß derjenige, welcher eine Sache vom Schuldner kauft, damit durch den Kaufpreis ein Pfandgläubiger abgefunden werde, in das Pfandrecht des Abgefundenen succediere: (c. 3 C. de his qui in prior. 8, 18; vgl. darüber unten S. 33.) Diese allgemein anerkannte Regel also finde hier nur An= wendung auf den besonderen Fall, wenn der Gläubiger, welcher die verpfän= dete Sache an Zahlungsstatt annehme, die Sache kauft, um selbst durch den Kaufpreis befriedigt zu werden.[1] Daher müsse der Letztere in gleicher Weise in sein eigenes Pfandrecht succedieren.

Die Vorstellung aber, daß jemand, der ein Pfandrecht schon hat, nun= mehr in dieses eigene Pfandrecht succediere, dürfte allerdings nicht besonders einleuchtend sein und auch nicht zum Verständnis der Stelle bedeutend beitragen.

Doch weiter! Dies ergebe sich als reine Folge der Rechtskonsequenz. Jedoch dürfe man daraus nicht folgern, daß „in allen und jeden Fällen der Gläubiger, welcher das Eigentum eines Pfandes vom Schuldner erwirbt, sein Pfandrecht an der Sache behält, wenn er nämlich, wissend, daß sie ihm

---

[1] Auch Jungenfeldt, a. O. S. 25, ist derselben Ansicht, nur daß er in dem all= gemein anerkannten Fall — c. 3 C. cit. 8, 18 — auch nicht das Pfandrecht durch Succession in das Recht des Abgefundenen entstehen läßt.

2*

verpfändet war, die Sache käuflich oder durch sonstigen Vertrag an sich brachte, nicht in der Absicht, durch diesen Erwerb sich für seine Forderung zu befriedigen, sondern bloß in der Absicht, das Eigentum an dieser ihm haftenden Sache zu erwerben, weil dann in diesem Eigentumserwerb ein Verzicht auf das Pfandrecht gesehen werden muß."

Nach der gewöhnlichen Auffassung dieses nicht gerade sehr deutlichen Ausspruchs will Francke Folgendes sagen: der Pfandgläubiger-Käufer behält sein Pfandrecht (d. h. also ein Pfandrecht an der eigenen Sache) nur dann, wenn er den Pfandgegenstand erwirbt erstens, ohne zu wissen, daß die Sache ihm verpfändet ist, zweitens zwar mit Wissen, aber unter ausdrücklichem Vorbehalt seines Pfandrechts, weil sonst in dem Eigentumserwerb ein Verzicht auf dasselbe liege.[1]

Beide Sätze müssen aber auf das entschiedenste bestritten werden. Denn zunächst ist weder in dieser Stelle noch in der von Francke zur Erklärung herangezogenen c. 3 C. cit. 8, 18 (vgl. unten S. 33) von Wissen und Nichtwissen die Rede, noch wird mit irgend einem Worte von einem Vorbehalt gesprochen. Und ferner liegt, wie schon (oben S. 15) gezeigt wurde, keinesfalls in dem eigenen Erwerbe ein Konsens zur Veräußerung an sich selbst und damit ein Verzicht auf das Pfandrecht. Das Pfandrecht dauert demnach ohne solche Beschränkung kraft gesetzlicher Bestimmung trotz des Eigentumserwerbes fort.

Francke, a. O. S. 123—125. — Vgl. auch Kuhlmann, a. O. S. 53, u. Arndts, a. O. § 389 Anm. 2.

In ähnlicher Weise wie Francke versucht auch Sintenis die Entscheidung der Quellen zu rechtfertigen durch den Hinweis auf ihre Unterscheidung von Wissen und Nichtwissen. Jedoch entfernt er sich bedeutend darin von Francke, daß er überhaupt niemals ein Pfandrecht an der eigenen Sache annimmt, sondern die hierfür angeführten Quellenstellen nur aus dem Gesichtspunkt der Billigkeit wegen des früher bestandenen Pfandrechts erklärt und deswegen auch höchstens eine Einrede gestattet, da die Billigkeit nur eine solche, nie aber eine Klage begründen kann.

Sintenis, Streitfragen, S. 86. ff.

---

[1] Auch Vangerow, a. O., I. § 392 Anm. Zif. 3a. Abf. 2, meint im Fall der c. 1 C. cit. 8, 19, hierbei müsse doch wohl (!) vorausgesetzt werden, daß dem besseren Pfandgläubiger, als er die Sache an sich brachte, die anderweiten Pfandrechte unbekannt waren.

Er formuliert seine Ansicht am Schluß (a. C. S. 98) dahin:

I. Wer sein Pfandrecht kennend und wissend, daß ihm andere Pfand=
gläubiger nachstehen, das Pfand vom Schuldner freiwillig erwirbt, der ver=
liert sein Pfandrecht und muß die spätere Pfandforderung anerkennen.

III. Wer sein Pfandrecht kennend, aber unwissend, daß noch andere
dahinter folgen, das Pfand erwirbt, kann sich Einrede= (oder Replik=)weise
sowohl auf den Rang, den ersteres einnahm, bei späterem Zusammentreffen
mit späteren Pfandgläubigern beziehen als auf den anderer Pfandrechte, die
mit seinem Gelde befriedigt worden sind, sie mögen ihm vor oder nachstehen,
wenn sie nur vor den unbekannt gewesenen den Vorrang haben. .

Wie willkürlich man diesen Unterschied von Wissen und Nichtwissen in
die Quellenstellen hineingetragen hat, ist schon oben (S. 13 f.) bei der lex
Latinus Largus und bei der c. 1 C. cit. oben (S. 20) gezeigt worden.

Die Begründung von Sintenis lautet einfach: „Die Bekanntschaft
nämlich folgt überall aus dem Inhalt der Stellen selbst: die Unbekanntschaft
aber daraus, daß nur aus deren Grund so, wie geschehen, hat entschieden
werden können"!!!   .

Sintenis, Streitfragen, S. 92.

Ferner behauptet Sintenis: es sei in dieser Stelle c. 1 C. cit. 8, 19
von einem fortdauernden wirklichen Pfandrechte gar nicht die Rede, nur im
Wege der Einrede, „die Folgen eines früheren Pfandrechts geltend zu
zu machen", werde in dieser lex gestattet; dies ergebe sich aus sed ita (sc.
demum) audieris.

Wie dies aus den eben erwähnten Worten folgen soll, ist unersindlich.
Fast scheint es nämlich, als ob Sintenis dem Ausdruck audieris die be=
sondere Bedeutung – ope exceptionis audiri beilegen wolle. Diese wäre natür=
lich gleichfalls äußerst willkürlich und würde außerdem zu nichts führen, da das
audieris von dem posterior creditor gebraucht ist, der ja gar nicht Eigentum
an der verpfändeten Sache erworben hat. Von Belang ist hier vielmehr
nur der Umstand, daß der posterior sein Pfandrecht gegen den prior
creditor, der nunmehr auch Eigentümer des Pfandgegenstandes geworden
ist, bloß vermittelst des jus offerendi zur Geltung bringen kann. Denn
hieraus ergiebt sich schlagend, daß auch das Pfandrecht des prior trotz des
Erwerbs des Eigentums an der verpfändeten Sache noch rechtlichen Bestand
hat. Daß aber dieses Pfandrecht nur ope exceptionis geltend gemacht
werden dürfe, darüber sagt die ganze Stelle nichts. Meistens wird es
wohl der Fall sein, aber nicht immer, wie die lex Latinus Largus beweist.

Sintenis, Streitfragen, S. 91. — Kuhlmann, a. D. S. 76. f.

§ 9.
Die Ansichten von Jungenfeldt, Brinz, Puchta, Bachofen und Dernburg.

Auch Jungenfeldt leugnet schlechterdings jede Fortdauer des Pfand=
rechts nach dem Eigentumserwerb in c. 1 C. cit. Den Hauptgegengrund
— das jus offerendi — beseitigt er mit der größten Leichtigkeit durch den
durch nichts bewiesenen — auch nicht der geringste Versuch eines Beweises
wird unternommen — Schlußsatz: „Von einem jus offerendi ist übrigens
hier nicht im Entferntesten die Rede."!!

Jungenfeldt, a. O. S. 25.

Auch Brinz, Puchta, ja selbst in diesem Fall Bachofen wollen das
Pfandrecht nicht weiter bestehen lassen. Die beiden ersteren deswegen, weil
sie, wie ja oben schon erwähnt, an dem Satze »neque pignus suae rei consistere potest« als unumstößlichem Axiom festhalten; letzterer, der bekanntlich
Pfandrecht mit Pfandklage identificiert, deswegen, weil hier die formula
versagen würde, denn durch datio in solutum sei satisfactio erfolgt. Jedoch,
wenn dem Pfandgläubiger=Eigentümer seine Sache von den Nachpfand=
gläubigern abgestritten wird, oder wenn dies jeden Augenblick zu erwarten
steht bezugsweise vorauszusehen ist, so kann doch nicht von dem Richter
gesagt werden: satisfactum videtur!

Brinz, a. O. I., § 79 i. f. S. 302. — Puchta, Pand., § 202 l. —
Bachofen, a. O. S. 93. No. 14.

Den gleichen Grund wie Bachofen führt auch Dernburg gegen die
Fortdauer des Pfandrechts ins Feld. Es werde der ehemalige prior wie
ein Pfandgläubiger behandelt. Auch genüge die rei vindicatio vollständig;
die Einrede der Nachhypothek würde durch replicatio beseitigt.

Dernburg, Pfandrecht II., S. 574.

Jedoch, selbst wenn Dernburg eine replicatio oder Bachofen eine
exceptio doli annimmt, so muß sich dieselbe doch immer auf das Pfand=
recht stützen. Außerdem spricht das jus offerendi doch genugsam für ein
Fortbestehen des Pfandrechts.

Arndts, a. O. § 389 Anm. 2. — Baron, Pandekten, 5. Aufl.
Leipzig 1885. § 207. II. 1b. — G. Hartmann, in Dogm. Jahrb. XVII.,
S. 103, S. 106—109. — Jhering, a. O. X. S. 453, No. 77. — Kuhl=
mann, a. O. S. 51. — Mühlenbruch, Doctrina Pandoctarum. 4. Aufl.
1839. § 301, No. 11. — Roth, im Arch. f. civ. Praxis. Bd. 62, S. 116. —
Seuffert, Praktisches Pandektenrecht. 2. Aufl. 1848. § 202. — Vangerow,
a. O. § 392, Anm. Zif. 3a, Abf. 2. — Wening=Jngenheim, a. O.
S. 138. — Windscheid, Pand. 1 § 248, No. 27a und 28.

§ 10.
Die Ansicht Buchka's insbesondere.

Schließlich muß noch des Näheren auf die Ansicht Buchka's einge=
gangen werden, welcher gleichfalls hier die Möglichkeit eines Pfandrechts
leugnet. Seine Ausführungen sind etwa folgende:

Gewähre man auf Grund dieser Konstitution — wie die herrschende
Lehre es thue — dem Pfandgläubiger ein Pfandrecht an der eigenen Sache,
so ergebe sich ein Widerspruch mit der (oben erwähnten) lex Latinus
Largus.[1] In Letzterer wäre als Grund der Entscheidung angeführt worden:
satisfactum non est; — hier in c. 1 C. cit. sei aber der Gläubiger durch den
Eigentumserwerb für seine Forderung befriedigt worden und trotzdem wolle
man Fortdauer des Pfandrecht behaupten. Allein auf Grund der aequitas
eine solche abnorme Entscheidung zu fällen, sei nicht angebracht. Nur auf
Grund einer klar und deutlich redenden Gesetzesstelle dürfe man einen der=
artigen allen Prinzipien Hohn sprechenden Satz aufstellen. Nun wirft
Buchka die Frage auf: Ist denn diese c. 1 C. cit. eine derartige Quellen=
stelle. Dies verneint er entschieden und erklärt die c. 1 C. cit. wie folgt:

Nach der herrschenden Lehre haben die Worte: »cum autem debitor
ipsi priori creditori eadem pignora in solutum dederit vel vendiderit«
den Sinn: wenn der Schuldner dem vorgehenden Gläubiger selbst die
Pfänder für seine Forderung an Zahlungsstatt gegeben oder ihm dieselben
verkauft und den Kaufpreis mit der Pfandforderung aufgerechnet hat. Von
Letzterem, daß eine Aufrechnung stattgefunden habe und dadurch die Pfand=
forderung getilgt worden sei, stehe aber gar nichts in der Stelle. Man sei
also nicht gezwungen oder auch nur berechtigt, dies anzunehmen; vielmehr
sei demnach zweifellos hier ein Fall gemeint, in dem „die Pfandforderung
durch den Ankauf der Pfänder seitens des Pfandgläubigers in ihrem Be=
stande nicht berührt werde". Somit wären also die Voraussetzungen in
c. 1 C. cit. genau dieselben, wie in der lex Latinus Largus und daher
herrsche auch bei ihren Entscheidungen die völligste Harmonie. Ihre Be=
stätigung finde diese Ansicht auch in den Schlußworten des Kaisers: si
quod debitum est, obtuleris. Denn würde der Untergang der Pfand=
forderung vorausgesetzt, so hätte es heißen müssen: quod debitum erat.
Da sich nun dieses »quod debitum est« auf beide in der Konstitution an=
geführten Fälle bezieht, so sei auch in dem ersten von beiden — wenn der

---

[1] Ebenso wie Bachofen und Dernburg, vgl. oben S. 22.

Pfandgläubiger das Pfand an Zahlungsstatt erhält — nur daran zu denken, daß diese datio in solutum für eine andere Forderung — nicht für seine Pfandforderung — geschehen sei; denn nur so sei das Fortbestehen seiner Pfandforderung gerechtfertigt.

Buchka will daher die Möglichkeit eines Pfandrechts an der eigenen Sache für den Fall, daß der Gläubiger die Sache kauft und den Kaufpreis gegen die Pfandforderung aufrechnet, überhaupt ganz verneinen; für den Fall dagegen, daß dem Gläubiger für seine Pfandforderung die Sache an Zahlungsstatt gegeben ist, nur dann anerkennen, wenn (trotz datio in solutum) infolge von Eviktion die Pfandforderung noch als fortbestehend angenommen wird.

Buchka, a. O. S. 30—36.

Wie gekünstelt dieser ganze Erklärungsversuch Buchka's ist, leuchtet auf den ersten Blick ein. Dagegen müssen folgende Einwendungen erhoben werden:

Der Rescribent hätte den Sachverhalt äußerst unklar, ja sogar unverzeihlich lüderlich dargestellt, wenn er mit keinem Worte die zweite Forderung des prior creditor erwähnt, welche nach Buchka's Ansicht durch die datio in solutum des Schuldners oder durch seinen Verkauf bezahlt werden soll.

Auch liegt wohl die Vermutung sehr nahe, daß derjenige Pfandgläubiger welcher die Pfandsache kauft, den Kaufpreis gegen die ihm zustehende Pfandforderung aufrechnet. Wohl etwas zu weit geht Regelsberger, wenn er den Pfandgläubiger, welcher in diesem Fall zahlt, einen „sonderbaren Schwärmer" nennt. Denn es ist ja immerhin nicht ausgeschlossen, daß unter Umständen — etwa wenn die Pfandforderung hochverzinslich ist — die Baarzahlung vorteilhafter ist. Doch m. E. erscheint es mir als das natürlichere zu vermuten, daß der Kaufpreis in diesem Falle mit der Pfandforderung kompensiert worden ist, und um so mehr, glaube ich, ist man zu dieser Annahme berechtigt, als zunächst die datio in solutum erwähnt ist, welche, wie wir eben sahen, zweifellos zur Tilgung der Pfandforderung geschah.

Außerdem, nimmt man mit Buchka an, daß die Pfandforderung selbst (durch die in solutum datio oder durch Verkauf nicht getilgt sei, sondern) noch fortbestehe, so hätte der rescribierende Kaiser dies sicherlich hervorgehoben und damit die Fortdauer des Pfandrechts motiviert. Dem gegenüber kann auch das von Buchka hervorgehobene est gar nicht ins Gewicht fallen; denn indem der Kaiser das Pfandrecht des prior als fortbestehend ansah, war nichts natürlicher, als daß er auch den Nachpfandgläubigern gegenüber noch die Pfandforderung als relativ fortbestehend im Pfandrecht selbst und wegen desselben bezeichnete.

Vergebens bemüht sich Buchka, den sog. accessorischen Charakter des Pfandrechts in diesem Fall aufrecht zu erhalten.

Hartmann, in Dogm. Jahrb. XVII., S. 106—109. — Kuhlmann, a. O. S. 52 f. No. 181 — Regelsberger, in krit. B. 3. S. XVIII., S. 205.

Aus c. 1 C. si quis antiq. cred. 8,19 ergiebt sich: Erwirbt der prior creditor das Eigentum der ihm verpfändeten Sache dadurch, daß er dieselbe kauft und den Kaufpreis auf die Pfandforderung aufrechnet oder für die letztere an Zahlungsstatt erhält, so bleibt sein Pfandrecht neben dem Eigentum bestehen, er hat ein Pfandrecht an der eigenen Sache.

III. Die l. 59 (61) pr. D. ad S. C. Trebell. 36, 1.

§ 11.

Erklärung der lex.

Ein besonderer eigenartiger Fall liegt vor in l. 59 pr. cit., welche gleichfalls zum Beweise obiger Behauptung herangezogen werden kann.

Die l. 59 (61) pr. D. ad S. C. Trebell. 36,1 lautet:

Paulus lib. 4. quaestionum.

Debitor sub pignore creditorem heredem instituit eumque rogavit restituere hereditatem filiae suae i. e. testatoris: cum nollet adire ut suspectam, coactus jussu praetoris adiit et restituit: cum emptorem pignoris non inveniret, desiderabat permitti sibi jure dominii id possidere. Respondi: aditione quidem hereditatis confusa obligatio est: videamus autem, ne et pignus liberatum sit sublata naturali obligatione. Atquin sive possidet creditor (actor) sive non possidet, videamus de effectu rei. Et si possidet, nulla actione a fideicommissario conveniri potest, neque pigneraticia, quoniam hereditaria est actio, neque fideicommissum, quasi minus restituerit, recte petetur: quod eveniret, si nullum pignus intercessisset: possidet enim rem quasi creditor. Sed et si fideicommissarius rem teneat, et hic Serviana actio tenebit: verum est enim non esse solutam pecuniam, quemadmodum dicimus, cum amissa est actio propter exceptionem. Igitur non tantum retentio, sed etiam petitio pignoris nomine competit et solutum non repetetur. Remanet ergo propter pignus naturalis obligatio.

Der Inhalt dieser lex ist folgender: Der Pfandschuldner hat seinen Gläubiger zum Erben eingesetzt mit der Bitte, die Erbschaft an seine (des Testators) Tochter zu restituieren. Der Gläubiger tritt jedoch nicht an suspecta hereditate. Nun wird er aber vom Prätor — auf Antrag der fideikommissarischen Erbin, der Tochter des Testators, Schuldners — zum Erbschaftsantritt gezwungen: die Erbschaft muß er ohne Weiteres an den fideicommissarius heres restituieren, ohne daß er Vorteil oder Nachteil da-von hat.[1] Kann nun unter solchen Umständen der Fiduciar — der Gläubiger — verlangen, daß ihm das Pfand, weil er keinen Käufer findet, zu Eigentum zugeschlagen werde: m. a. W. besteht sein Pfandrecht noch?

Dieses Bedenken entsteht dadurch, daß infolge des Erbschaftsantritts confusa obligatio est; denn Gläubiger und Schuldner ist nunmehr eine Person. Man könnte demnach erwarten, daß auch beim Pfandrecht Unter-gang durch Konfusion eingetreten sei (bezw. mit der Herausgabe an den heres fideicommissarius auch das erloschene Pfandrecht restituiert werde). Daß dies aber keineswegs der Fall sei, führt Paulus des Näheren aus: denn einerseits kann dem besitzenden creditor idemque heres (d. h. dem Fiduciar) das Pfand nicht vom Fideikommissar mittelst einer Klage abver-langt werden; letzterer würde weder mit der actio pigneraticia gegen ihn durchdringen, quoniam hereditaria est.[2] noch auch mit der petitio fidei-commissi quasi minus restitutum sit, weil er den Erbschaftsgegenstand d. h. das Pfand eben nicht in seiner Eigenschaft als Fideicommißgegenstand, sondern in seiner Eigenschaft als Pfand besitze; er besitzt denselben nicht als Fiduciar, sondern als creditor.

---

[1] Vgl. § 7 i. f. J. de fideicommiss. hered. II, 23: Sed etiam id, quod prae-cipuum Pegasiani Scti fuerat, ut quando recusaret heres scriptus sibi datam here-ditatem adire, necessitas ei imponeretur totam hereditatem volenti fideicommissario restituere et omnes ad eum et contra eum transferre actiones: et hoc transposuimus ad Sctum Trebellianum, ut ex hoc solo necessitas heredi imponatur, si ipso nolente adire, fideicommissarius desideret restitui sibi hereditatem, nullo nec damno nec com-modo apud heredem remanente.

[2] d. h. sie hätte dem defunctus nur nach Befriedigung seines Gläubigers zugestanden, darum kann sie nur unter gleichen Bedingungen auf den Fideikommissar übergehen; ebenso wenig wie der Gläubiger sie mit Erfolg hätte anstellen können, ebenso wenig kann dies jetzt der Fideikommissar. — Dies folgt aus l. 1 § 26 D. si quid in fraud. patroni 38,5 und l. 66 § 2 D. ad Sctum Treb. 36,1, wo es heißt: hereditaria actio i. e. ex bonis defuncti und quae pendet ex bonis defuncti. Anders erklärt Francke, a. O. S. 96. f. — Vgl. Näheres hierüber: Beuing-Ingenheim, a. O. S. 145. No. 10. Francke, a. O. S. 96. f. und insbef. Büchel, a. O. I. 1., S. 55. No. 140.

Andererseits aber, fährt Paulus fort, kann der creditor idemque heres, wenn der Fideikommissar sich im Besitze des Pfandgegenstandes befindet, auch aggressiv sein Pfandrecht geltend machen: et hic Serviana actio tenebit; denn satisfactio ist ja nicht eingetreten. Ergebnis: Das Pfandrecht ist in diesem Fall vollwirksam.

§ 12.

Kann die l. 59 cit. zum Beweis der Möglichkeit eines Pfandrechts an der eigenen Sache herangezogen werden?

Man hat behauptet — so Francke und Jungenfeldt — daß diese lex bei Entscheidung der Frage, ob ein Pfandrecht an der eigenen Sache möglich ist, gar nicht in Betracht kommen könne, da hier nicht einmal von dem Verhältnisse zu einem schlechteren Pfandgläubiger die Rede sei.

Francke, a. O. S. 110. — Jungenfeldt, a. O. S. 29.

Wie irrig diese Meinung ist, ergiebt sich zur Genüge daraus, daß der Fiduciar, der gezwungen antritt und sich das ehemalige Pfand behält, von dem Fideikommissar mittelst der petitio fideicommissi quasi minus restitutum sit auf Herausgabe auch dieses Gegenstandes belangt werden könnte. Unter diesen Umständen würde also der Fiduciar erstens seine Forderung verlieren und zweitens müßte er sein Pfand, das ihm Befriedigung für seine Forderung gewähren sollte und das er zu diesem Zweck zurückbehielt, herausgeben: er hätte also von der Ehre, zum Antritt der Erbschaft gezwungen worden zu sein, nur den Verlust seiner Forderung. Das ist gegen alle Billigkeit und steht nicht im Einklang mit den Worten: nullo nec damno nec commodo apud heredem remanente. Daher wird auch der Fiduciar geschützt. Dieser Schutz aber liegt einzig und allein in seinem Pfandrecht, in der Fortdauer seines Pfandrechts. Und äußert das Pfandrecht, trotzdem der Fiduciar durch den „erzwungenen“ Erbschaftsantritt Eigentum erwirbt, dennoch seine Wirkung, wenn auch nur von seiner Wirkung gegenüber dem Fideikommissar hier gesprochen wird, also wenn es sich gleichsam um ein kleineres Machtgebiet handelt, so liegt auch hierin ein Beweis für die Möglichkeit eines Pfandrechts an der eigenen Sache!

Ferner unterliegt es wohl kaum einem Zweifel, daß, wenn Nachhypotheken auf der Sache lägen, dadurch eine Aenderung in der Entscheidung selbst nicht eingetreten wäre. Vielmehr mußte die Entscheidung ebenfalls dahin lauten, daß das Pfandrecht des Fiduciars fortbestehe. Denn sonst

hätten gerade so gut wie der Fideikommissar auch die posteriores creditores, deren Pfandrechte ja nicht im mindesten durch den Erbschaftsantritt
berührt wurden und bei denen ein Erlöschen derselben durch Konfusion gar
nicht in Frage kommen konnte, ihr Recht geltend machen und dem Fiduciar
(dem zum Erben eingesetzten ersten Gläubiger) seinen Pfandgegenstand ab-
streiten können.

Daher liefert auch diese lex einen Beweis für die obige Behauptung,
daß ein Pfandrecht an der eigenen Sache möglich ist, wenn der vorgehende
Pfandgläubiger das Eigentum der ihm verpfändeten Sache erwirbt.

§ 13.

Die Ansichten von Dernburg und Francke.

Dernburg glaubt, in diesem Fall, wo der Fiduciar nur gezwungen antritt, hätte Paulus den Erbschaftsantritt, da derselbe nur eine leere Form
war, ignorieren können und deshalb auch Forderung und damit Pfandrecht
als fortbestehend angesehen: Ihr Untergang durch die Konfusion werde
thatsächlich als nicht geschehen betrachtet.

Dernburg, Pfandrecht II., S. 569 und 591 f.

Nun ist aber durchaus unrichtig, daß der Untergang der Forderung
durch Konfusion von Paulus ignoriert wird. Denn ausdrücklich respondiert
er: aditione quidem hereditatis confusa obligatio est. Daß darin keineswegs, wie Francke des Näheren ausführt, ein Zweifelsgrund liegt, den
Paulus seiner Manier nach sich selbst macht und den er an die Spitze
seiner Untersuchung stellt, um ihn im weiteren Verlauf derselben aus dem
Wege zu räumen — ein Fall, der in der lex Latinus Largus in der That
vorlag, vgl. oben S. 10 — ergiebt sich deutlich aus dem folgenden:
sublata naturali obligatione. Dies ist ferner ersichtlich aus dem Schlußsatze: Remanet propter pignus naturalis obligatio. Diese naturalis obligatio ist nicht etwa „das Residuum der konsumbierten Obligation, sondern
ein Produkt der Fortdauer des Pfandrechts". (Schott.)

Francke, a. O. S. 92 f. — Schott, in Dogm. Jahrb. XV., S. 47.

Wenn also Dernburg a. O. behauptet, Paulus ignoriere den Untergang des Pfandrechts durch die Konfusion, so muß man sich wundern, daß
der römische Jurist nicht auf dem gleichen Wege zum Fortbestehen der
Obligation, wie Dernburg irrtümlich ja auch annimmt, gelangt sei! Das

ist aber, wie eben gesagt, durchaus nicht der Fall. Mithin fällt infolge dessen auch Dernburg's Ansicht in Nichts zusammen.

Auch ist mit Recht von Kuhlmann darauf hingewiesen worden, daß ein solcher Erklärungsversuch doch nur im äußersten Notfall gewagt werden sollte.

Kuhlmann, a. O. S. 55, Anm. 189.

Francke — ihm hat sich Sintenis völlig angeschlossen — meint, in dieser Stelle sei an ein Pfandrecht an der eigenen Sache gar nicht zu denken, „da bei jeder Restitution nach dem Setum Trebellianum dem Erben seine dinglichen Rechte gegen die der Restitution unterworfenen Sachen un= versehrt blieben". Nun leugnet aber Francke gar nicht, daß der Fiduciar im Sinne des jus civile allein als heres angesehen werde.

Francke, a. O. S. 90 und S. 110. — Sintenis, a. O. S. 93. f.

Aus diesen beiden Sätzen: „Das Pfandrecht bleibt unversehrt" und „der Fiduciar ist heres" — ist doch ganz deutlich zu ersehen, daß hier ein Pfandrecht an der eigenen Sache von Francke thatsächlich anerkannt worden ist, daß also nach seiner Meinung die Konfusion eine vernichtende Wirkung auf das Pfandrecht überhaupt nicht ausgeübt hat.

§ 14.
Von einer Restitution des Pfandrechts in dieser lex ist keine Rede.

Jungenfeldt und Fritz erklären folgendermaßen: Das Pfandrecht sei durch Konfusion untergegangen. Nach der Restitution könne verlangt werden, daß dasselbe ebenso wie andere jura in re aliena (Jungenfeldt: Rechts= verhältnisse) wiederhergestellt werde. Demnach liege hier kein Pfandrecht an der eigenen Sache vor, denn die Sache sei ja nach der Restitution eine fremde bezw. sie werde als solche in jeder Beziehung behandelt!

Jungenfeldt, a. O. S. 28. — Fritz, a. O. S. 545, Anm. 353.

Dieser Argumentation steht aber folgendes entgegen: Daß das Pfand= recht hier in diesem Falle durch die Konfusion untergegangen und erst nach der Restitution wiederhergestellt worden sei, läßt sich nicht annehmen, weil Paulus sich die Frage stellt: videamus autem ne et pignus liberatum sit sublata naturali obligatione. Das Ergebnis seiner Untersuchung lautet dahin: pignus liberatum non est, das Pfandrecht dauert fort. Es müßte auch wunderbar berühren, daß Paulus nicht einfach die Frage, ob das Pfandrecht noch nach der Konfusion erfolgreich geltend gemacht werden könne, damit beantwortet, daß es nach der Restitution wieder hergestellt werden müsse bezw. könne. Seine genauen Erörterungen wären dann ja völlig überflüssig, da es klar ist, daß, wenn das Pfandrecht restituiert ist, es ohne Weiteres auch vom Gläubiger geltend gemacht werden kann! Der Versuch, auf diese Weise die l. 59 cit. zu erklären, muß wohl als vollkommen mißlungen bezeichnet werden.

Arndts, a. O. § 391, Anm. — Büchel, a. O. I., 1. S. 53—56; I., 2. S. 89, Anm. 8. — Jhering, a. O. X., S. 451 f. No. 74. — Kuhlmann, a. O. S. 54 ff. — Rudorff zu Puchta, Pand., § 202 No. l. — Wening-Ingenheim, a. O. S. 144 ff. — Friedmann, Wirkungen der confusio. Berlin 1884, S. 46 f. insbes. S. 50. — Vgl. dagegen noch Brinz, a. O. I., § 79 i. f. S. 302 f.

Zweiter Abschnitt.

§ 15.

Ein Pfandrecht an der eigenen Sache ist möglich, wenn der Eigentümer ein vorgehendes Pfandrecht erwirbt.

Ist der im ersten Abschnitt behauptete Satz: „Ein Pfandrecht an der eigenen Sache ist möglich, wenn der vorgehende Pfandgläubiger das Eigentum der ihm verpfändeten Sache erwirbt" richtig, und dies hoffen wir nachgewiesen zu haben, so bedarf eigentlich seine Umkehrung: „Ein Pfandrecht an der eigenen Sache ist möglich, wenn der Eigentümer ein vorgehendes Pfandrecht erwirbt" keines Beweises mehr. Daher ist auch dieser Fall in der Litteratur nicht erst besonders zum Gegenstand des Kampfes geworden; man begnügte sich am ersten Fall die Richtigkeit oder Verkehrtheit der gegenseitigen Ansichten darzulegen: wer im ersten Fall das Pfandrecht leugnet, mußte dies auch im zweiten Fall; und umgekehrt, wer dort Fortdauer des Pfandrechts, also ein Pfandrecht an der eigenen Sache annahm, mußte dies natürlich auch hier.

Nichtsdestoweniger soll das in den Quellen sich findende Beispiel der Vollständigkeit halber hier kurz Erwähnung finden; es ist dies:

l. 19 D. qui pot. 20,4:

Scaevola lib. 5. respons.

Mulier in dotem dedit marito praedium pignori obligatum: et testamento maritum et liberos ex eo natos, item ex alio heredes instituit. creditor, cum posset heredes convenire idoneos, ad fundum, venit. Quaero an si ei justus possessor offerat, compellendus sit, jus nominis cedere. Respondit, posse videri non injustum postulare.

Der Thatbestand der Stelle ist folgender: Eine Frau hat ihrem Mann ein mit einer Hypothek belastetes Grundstück als dos bestellt (datio dotis). Zu Erben hat sie im Testament ihren Mann und ihre Kinder (sowohl aus dieser wie aus einer früheren Ehe) eingesetzt. Nun macht der Hypotheken= gläubiger gegen die Erben, da sie ihm zahlungsfähig erscheinen, sein Pfand= recht geltend. Gefragt wird nun: Kann der klagende Pfandgläubiger, wenn ihm der justus possessor d. i. hier der Ehemann den Betrag der Pfand= forderung zahlt, genötigt werden, seine Forderung nebst dem damit ver= bundenen Pfandrechte abzutreten? Diese Frage wird unbedenklich bejaht.

Zu bemerken ist hierbei, daß, wenn der Mann im Besitze bleiben wollte, er unbedingt die ganze Forderung bezahlen mußte.[1]) Um sich nun gegen seine Miterben, gegen die er keinerlei Anspruch erheben konnte, zu sichern, war es für ihn das geeignetste Mittel sich die Forderung des Gläubigers mit dem Pfandrecht cedieren zu lassen. Dazu kann er nun als justus possessor sogar den Gläubiger zwingen. So dauert neben seinem Eigentum das Pfandrecht fort.

Aber selbst wenn man, wie z. B. Sintenis, der Meinung wäre, daß hier nicht der Ehemann, sondern ein beliebiger Dritter justus possessor wäre, wofür kein triftiger Grund vorliegt, so würde trotzdem diese Stelle einen Beweis für unsere Ansicht bilden. Denn da, wie gesagt, der justus possessor Cession der Forderung und des Pfandrechts zu verlangen be= rechtigt ist und es nicht ausgeschlossen ist, daß der justus possessor Eigen= tümer sein kann, so würde immerhin aus dieser Stelle folgen, daß gegebenen Falls ein Pfandrecht an der eigenen Sache möglich ist.

Baron, a. O. § 195 Zif. 4. — Buchka, a. C. S. 8 und 46. — Göschen, Vorlesungen über das gem. Civilrecht, hrsg. von Erxleben, Göttingen 1839. Bd. II., 1 § 359 No. 9. — Kuhlmann, a. C. S. 85. — Roth, a. C. S. 117. — Schott, a. O. S. 31. No. 32. — Seuffert, a. O. § 202 No. 6. — Windscheid, Pand. I., § 248 No. 27 b und § 233a No. 1, Jall 2. — Vgl. ferner Glosse ad h. l. Cujacius, Observ. XI. c. 35, O. O. Tom. III. u. lib. XI. Respons. Papinian. ad l. 1 § 2 do pign. O. O. Tom. IV. p. 1288/89. — Dernburg, Pfandrecht II., S. 364 f. — Fritz, a. O. I., S. 452 f. — Glück, Ausführ.. Erläuterungen der Pand., Erlangen, Bd. 19 S. 376 ff. — Sintenis, Handbuch des gem. Pfandrechts, Halle 1836, S. 423 ff. und S. 18 ff.

[1]) Vgl. die Bestimmungen hierüber in c. 2 C. si unus ex plur. hered. 8,32 — c. 1 C. do luitiono pign. 8,31 — l. 26 § 14 D. fam. ercisc. 10,2 — l 8 § 2 D. do pign. act. 13,7.

Dritter Abschnitt.

Ein Pfandrecht an der eigenen Sache ist möglich, wenn jemand Eigentum und ein vorgehendes Pfandrecht zu gleicher Zeit erwirbt.

§ 16.

Die l. 17 D. qui pot. 20,4, l. 3 § 1 D. de distr. 20,5 und c. 3. C. de his qui in 8,18.

Ein Pfandrecht an der eigenen Sache ist schließlich möglich, wenn jemand zu gleicher Zeit Eigentum und ein vorgehendes Pfandrecht erwirbt. Bewiesen wird dies durch l. 17 D. qui pot. 20,4, l. 3 § 1 D. de distr. 20,5 und c. 3 C. de his qui in 8,18.

Zunächst sollen diese Quellenstellen der Reihe nach Erwähnung finden.

l. 17 D. qui pot. 20,4 lautet:

Paulus lib. 6. respons.

Eum qui a debitore praedium obligatum comparavit, eatenus tuendum, quatenus ad priorem creditorem ex pretio pecunia pervenit.

Es hat jemand von einem Pfandschuldner ein mit einer Hypothek belastetes Grundstück erworben. Mit dem Kaufschilling ist ein Vorhypothekar befriedigt worden. Bis zur Höhe der befriedigten Forderung des prior genießt der Käufer Schutz gegen die posteriores creditores.

Die zweite hierher gehörige Stelle ist

l. 3 § 1 de distr. pign. 20,5:

Papinianus lib. 3. respons.

Si tamen debitor non interveniente creditore pignus vendiderit, ejusque pretium priori creditori solverit, emtori poterit offerre, quod ad alium creditorem de nummis ejus pervenit et usurae medii temporis; nihil enim interest, debitor pignus datum vendidit an denuo pignori obliget.

Der Pfandschuldner hat das Pfand verkauft und mit dem Kaufgelde den Pfandgläubiger befriedigt. In dessen Pfandrecht tritt jetzt der Käufer ein; derselbe hat Eigentum und Pfandrecht zugleich an der Sache erworben. Daß der Käufer Pfandrecht an seiner eigenen Sache hat, folgt daraus, baß die posteriores creditores das jus offerendi gegen ihn ausüben können; emtori poterit offerri: nihil enim interest, debitor pignus datum vendidit an denuo pignori obliget, d. h. es ist kein Unterschied vorhanden, ob der Pfandschuldner den zum Pfand gegebenen Gegenstand verkauft und mit dem Kaufpreise den ersten Pfandgläubiger abfindet, oder ob er letzteren mit dem Gelde befriedigt, welches ihm der Dritte zu diesem Zweck geliehen hat, und nun denselben Gegenstand, der soeben aus der Pfandhaft des ersten Gläubigers entlassen worden ist, dem Dritten von neuem verpfändet: Der Dritte hat in beiden Fällen ein Pfandrecht an diesem Gegenstande.

Drittens dient zum Beweise

c. 3 C. de his qui in prior. 8,18:

Alexander Severus. (225.)

Si potiores creditores pecunia tua dimissi sunt, quibus obligata fuit possessio, quam emisse te dicis, ita ut pretium porveniret ad eosdem priores creditores, in jus eorum successisti: et contra eos, qui inferiores (alias infirmiores) illis fuerunt, justa defensione to tueri potes.

Es hat jemand das Pfand gekauft; mit seinem Kaufgelde sind die potiores creditores befriedigt worden: der Käufer successit in jus eorum. Daher wird er durch sein Pfandrecht gegen die schlechteren Pfandgläubiger geschützt.

Diese eben angeführten drei Stellen ergeben demnach folgendes: Wenn jemand vom Pfandschuldner die mehreren Gläubigern verpfändete Sache kauft zu dem Zweck, daß der verkaufende Pfandschuldner einen vorgehenden Pfandgläubiger mit dem Kaufgelde abfinde, so wird er einerseits gegen die Nachhypothekare geschützt, soweit der Kaufpreis zur Befriedigung des potior creditor verwandt worden ist, andererseits bringen die posteriores creditores gegen den Käufer nur dann durch, wenn sie ihm die Summe, mit welcher der vorgehende Pfandgläubiger abgefunden worden ist, offerieren: er hat ein Pfandrecht an der eigenen Sache.

§ 17.

Die Ansicht Buchka's.

Gegen eine derartige Auslegung obiger drei Stellen hat in neuester Zeit sich insbesondere Buchka erklärt: er leugnet in diesem Fall ein Pfandrecht an der eigenen Sache, weil die Pfandforderung getilgt und damit das Pfandrecht erloschen ist.

3

Seine Ausführungen sind ungefähr folgende: In den erwähnten Stellen von Papinian und Paulus sei gesagt, daß der Käufer sich gegen die nachstehenden Pfandgläubiger schützen könne, wenn dieselben ihm nicht offerieren, quod ad priorem creditorem de nummis ejus pervenit. Nun werde in der römischen Jurisprudenz der Ausdruck offere keineswegs immer als terminus technicus im Sinne des jus offerendi des creditor posterior gebraucht. Daher sei man auch nicht gezwungen, den dem Käufer gewährten Schutz auf ein Pfandrecht desselben an der eigenen Sache zurückzuführen. Vielmehr sei wohl in dieser Hinsicht folgender Gedanke maßgebend gewesen: Der Käufer, nach dessen Willen der Pfandschuldner mittelst des Kaufschillings den Pfandgegenstand von einem prior creditor befreit habe, sei die Veranlassung gewesen, den Verkaufswert der Sache im Interesse der nachstehenden Gläubiger zu erhöhen. Denn derjenige, welcher zunächst hinter dem Abgefundenen stehe, rücke jetzt in die Stelle des prior (bezw. primus), so daß er nunmehr eigentlich erst sein Pfandrecht unbeschränkt und mit voller Wirksamkeit geltend machen könne, während andererseits auch die Priorität der anderen ihm nachstehenden eine bessere werde. Auf Grund dieser Thatsache stehe dem Eigentümer der Pfandsache ein Gegenanspruch (Retentionsrecht) zu gegen die klagenden Pfandgläubiger, deren Lage er durch seine Handlungsweise verbessert habe.

Diese Erklärungsweise, fährt Buchka fort, könne auch keineswegs dadurch zu Fall gebracht werden, daß Kaiser Alexander in der dritten Stelle — c. 3 C. cit. 8,18 — den Ausdruck gebrauche: »in jus eorum successisti«. Denn einerseits reden die ersten beiden Stellen von Papinian und von Paulus gar nicht von einer successio in das Recht des abgefundenen Pfandgläubigers, sondern nur von einem Schutze gegen die nachstehenden Pfandgläubiger; andererseits müsse es auffallen, daß derselbe Paulus in einem ganz ähnlichen Falle — es schießt jemand Geld zur Abfindung eines vorgehenden Pfandgläubigers vor, l. 3 D. quae res pign. 20,3 — hervorhebe, daß nur unter bestimmten Voraussetzungen der Dritte, der das Geld vorgeschossen habe, in das Recht des abgefundenen Gläubigers eintrete. Wenn also sonst sich eine Succession in das Pfandrecht nicht in den Quellen angedeutet finde, so könne auch in c. 3 C. cit. dies nicht mit den Worten »in jus eorum successisti« gemeint sein. Dies zu schließen, sei man um so mehr berechtigt, als man in Erwägung ziehen müsse, daß diese Worte in einem kaiserlichen Rescripte stehen. Der Kaiser habe wohl „das unmittelbar praktische Resultat seiner Entscheidung" vor Augen gehabt, ohne auch nur im entferntesten weitere Folgen hieraus herleiten zu wollen.

Buchka, a. O. S. 37—46.

Auch dieser Interpretation Buchka's muß wiederum, wie schon bei c. 1 C. si quis antiq. 8,19 (vgl. oben S. 24 f.) der Vorwurf gemacht werden, daß sie zu gekünstelt ist und lediglich der Konsequenzmacherei Buchka's ihre Entstehung verdankt. Denn derselbe will den Satz aufrecht halten, daß, wenn die Pfandforderung getilgt ist, auch das Pfandrecht untergehe. Zu diesem Zweck scheut er sich nicht, den Quellenstellen die größte Gewalt anzuthun! Denn anders kann man wohl sein Verfahren kaum nennen.

Daß aus der ersten der oben erwähnten Stellen — der l. 17 D. cit. 20,4 von Paulus — sich nichts gegen Buchka's Ansicht anführen läßt, ist nicht zu leugnen. Das eatenus tuendum derselben verträgt sich zweifellos mit seiner Auffassung. Dagegen müssen die beiden anderen Stellen — l. 3 § 1 D. cit. 20,5 und c. 3 C. cit. 8,18 — als vollkommen unvereinbar mit seiner Erklärungsart erachtet werden.

Was das emtori poterit offerri der Papinianstelle l. 3 § 1 D. cit. anlangt, so hat allerdings Buchka darin Recht, daß das Wort offerri nicht immer in technischer Bedeutung gebraucht wird, — wofür er ja auch zum Beweise mehrere Stellen anführt — auf jeden Fall gehört dieser Gebrauch zu den Seltenheiten; auf das entschiedenste muß aber bestritten werden, daß es gerechtfertigt sei anzunehmen, Papinian habe in der angeführten lex »offerre« nicht im technischen Sinne angewandt. Denn erstens steht diese Stelle in einem pfandrechtlichen Titel: de distractione pignorum, wo es so wie so eigentümlich berühren müßte, wenn offerre in einem anderen als pfandrechtlichen Sinne Anwendung gefunden hätte. Und ferner fügt Papinian die Worte hinzu: nihil enim interest, debitor pignus datum vendidit an denuo pignori obliget. Wie schon oben (S. 33) des näheren auseinandergesetzt wurde, wird dadurch ausdrücklich hervorgehoben, daß der Fall in l. 3 § 1 D. cit. auf gleicher Stufe steht mit einer neuen Verpfändung: denuo pignori obligare. Hieraus folgt, daß das vorher erwähnte offerri (poterit emtori) in seiner technischen Bedeutung angewandt ist. Wollte man diese mit logischer Notwendigkeit aus dem Schlußsatze sich ergebende Folgerung zurückweisen, so müßte man freilich auch bei Papinian annehmen, wie Buchka dies bei Kaiser Alexander in c. 3 C. cit. 8,18 thut, es habe ihm fern gelegen aus seinen Worten weitere Konsequenzen zu ziehen.

Diese dritte Stelle c. 3 C. cit. 8,18 von Kaiser Alexander schafft Buchka auf ganz unverantwortliche Weise, wie eben angedeutet wurde, aus der Welt. Daß der Ausdruck in jus succedere weder in der lex von Paulus, noch in der von Papinian vorkommt, ist allerdings richtig. Daß aber die dort gebrauchten Wendungen nur vom Pfandrecht gemeint sind,

3*

darüber herrscht jetzt wohl kein Zweifel mehr. Auch hier muß darauf hin=
gewiesen werden, daß es äußerst sonderbar erscheinen müßte, wenn das in
jus succedere gerade in einem pfandrechtlichen Titel in einer ganz uneigent=
lichen Bedeutung gebraucht würde, während sonst ein solcher Sprachgebrauch
— anders also wie bei offerre — sich überhaupt nicht findet. Um so weniger
darf man in diesen Worten Alexander Severs eine leere Phrase sehen,
als diese c. 3. cit. noch bei Lebzeiten Ulpian's († 228) im Jahre 224/5
erlassen worden ist. Ist nun auch Ulpian selbst vielleicht nicht der Ver=
fasser des Rescripts gewesen, so hat es doch jedenfalls seiner Begutachtung
vorgelegen; denn daß der Kaiser persönlich die Rescripte ausgearbeitet hätte,
ist nicht anzunehmen, vielmehr wird sich seine Thätigkeit hierbei doch wohl
auf die Namensunterschrift beschränkt haben. Und wenn es schon etwas
stark ist, dem Kaiser Alexander Sever vorzuwerfen, er sei sich in diesem
Fall der Bedeutung seiner Worte nicht klar geworden, so ist dieser Vorwurf
bei einem Ulpian einfach lächerlich.

Wenn sich schließlich Buchka auf l. 3 D. quae res pign. 20,3 als
ähnlichen Fall beruft, so ist dies ein arger Mißgriff. Denn gerade darin,
daß der Kapitalist, der einem Pfandschuldner die Mittel gewährt, um einen
prior creditor zu befriedigen, sich das Pfandrecht des Abgefundenen aus=
drücklich einräumen lassen muß, unterscheidet sich seine Succession von der des
Käufers, bei dem dies nicht ein notwendiges Erfordernis bildet. So heißt
es in der erwähnten

l. 3 D. quae res pign. 20,3:

Paulus lib. 3 quaestionum.

Aristo Neratio Prisco scripsit, etiamsi ita contractum sit, ut ante-
cedens dimitteretur, non aliter in jus pignoris succedet, nisi convenerit,
ut sibi eadem res esset obligata. Neque enim in jus primi succedere
debet, qui ipse nihil convenit de pignore, quo casu emptoris causa
melior efficietur . . .

Windscheid, Band I., § 233b Ziff. 2 u. 3 No. 4 u. 10. — Dernburg,
Pfandrecht II., S. 517 No. 3. — Glück, a. O. Bd. 19, S. 370, No. 92 u.
S. 375 No. 98.

Paulus war demnach vollkommen berechtigt, in dieser l. 3 cit. näher
auf die Voraussetzungen einzugehen, unter denen ein succedere in jus an=
zunehmen sei; während andererseits daraus, daß Papinian und Paulus
in den obigen Stellen l. 3 § 1 D. cit. 20,5 und l. 17 D. cit. 20,4 nicht
den Ausdruck in jus succedere gebrauchen, nicht gefolgert werden darf, daß
von einem Pfandrecht hier nicht die Rede sein könne.

Steht also Buchka bei seiner Erklärung in entschiedenem Widerspruch mit der gewöhnlichen Ausdrucksweise der Quellen, so führt auch durchaus nicht etwa sein Ergebnis aus inneren Gründen eine Befriedigung herbei. Der Erwerber soll ein Retentionsrecht wegen Verwendungen haben, sagt Buchka. Aber zunächst ist es unverständlich, wie man in dem vom Erwerber gezahlten Kaufpreis eine im Interesse der posteriores creditores in die Pfandsache gesteckte Verwendung sehen kann. Der Käufer wollte die Sache zu Eigentum haben; fern lag ihm dabei den Verkaufswert der Sache im Interesse anderer zu erhöhen. Soll der Kaufpreis zu den impensae necessariae oder utiles gehören? Und wenn der Käufer kein Pfandrecht hat, sondern bloß ein Retentionsrecht ausüben darf, während ipso jure der posterior an die Stelle des Abgefundenen aufrückt, da kann doch unmöglich der Kaiser vom Käufer sagen: successit in jus des Abgefundenen.

Buchka darf kaum erwarten, daß man sich mit seiner Interpretation und mit seinem Resultat einverstanden erkläre. Gegen ihn haben sich namentlich erklärt Hartmann, Kuhlmann und Regelsberger.

Hartmann, in Dogm. Jahrb. XVII., S. 110. f. — Kuhlmann, a. O. S. 80. f. — Regelsberger, a. O. S. 205.

§ 18.

Die Dernburg'sche Ansicht.

Auch in den oben erwähnten drei Stellen, d. h. in diesem Fall III leugnet Dernburg ein Pfandrecht an der eigenen Sache. Vielmehr bedeutet ihm die hypothekarische Succession des Käufers nichts anderes, als daß dessen Eigentumsrecht „eine dem getilgten Pfandrecht gleiche Stellung einnimmt"; insbesondere bekomme es zum Schutze vor Nachhypotheken den Rang der abgestoßenen Hypothek; nur das sei der Sinn der Worte in jus etc. succedoro. Um den Käufer in diesem seinem Rechte zu schützen, sei es nicht nötig, ein Pfandrecht an der eigenen Sache zu fingieren. Es werde vielmehr sehr einfach dem Eigentümer, falls er im Besitze sei, gegen die Klage der Nachhypothekare eine Einrede (etwa si Lucius Titius, cui ante pignoris nomine res fuit obligata, N¹· N¹· pecunia dimissus non est) gegeben. Seien die Nachhypothekare in den Besitz gelangt, so klage der Käufer mit vindicatio oder Publiciana und gegen die Einrede des Pfandrechts schütze er sich mit der Replik, daß er den prior abgefunden habe. So sei neben der successio in jus die justa defensio in c. 3 C. cit. 8,18 zu verstehen. Uebrigens bleibe dem nachstehenden Pfandgläubiger gegenüber dem Käufer das Recht der Oblation.

Dernburg, Pfandrecht II., S. 515 u. S. 574 No. 18.

Gegen die Dernburg'sche Anschauung lassen sich folgende Einwendungen erheben. Zunächst kommt Dernburg mit sich selbst in Widerspruch, wenn er den Rang der getilgten Hypothek auf das Eigentumsrecht des Käufers überträgt. Denn sonst behauptet er: „die Uebertragung des Vorzugsrechts für sich allein ist aber kein zulässiger Rechtsakt. Denn der Rang eines Pfandrechts ist kein eigenes selbständiges Recht, kein Gegenstand des Commerciums, sondern eben nur eine Eigenschaft, eine Qualität des Pfandrechts, die eine besondere Veräußerungsfähigkeit nicht besitzt".

Dernburg, Pfandrecht II., S. 475; vgl. auch S. 415.

Nun sagt Dernburg aber, daß durch das Abfindungsgeschäft — mit dem Kaufpreis ist der prior creditor bezahlt — die Forderung und damit zugleich das Pfandrecht des prior erloschen sei. Ein neues Pfandrecht in der Person des Käufers könne nicht entstehen; denn Pfandrecht und Eigentum in einer Person sei unvereinbar und eine pfandrechtlichen Schutz beanspruchende Forderung sei ja auch nicht vorhanden.

Dernburg, Pfandrecht II., S. 514 i. f.

Wie verträgt sich nun dies alles mit der Uebertragung des Ranges des abgezahlten Pfandrechts auf das Eigentum des Käufers? Das Pfandrecht ist ja gar nicht mehr vorhanden, nichtsdestoweniger schwebt noch eine Eigenschaft dieses erloschenen Pfandrechts in der Luft herum und verbindet sich schließlich, obgleich es eine Qualität des Pfandrechts ist, mit dem Eigentum?! Wie kann denn plötzlich die Pfandrechtseigenschaft zur Eigentumseigenschaft sich umwandeln? Oder soll dieselbe neben dem Eigentum selbstständig fortbestehen und die exceptio zum Schutze des Eigentums, das an sich dem Käufer nichts nützt, hervorbringen?

Trotzdem ferner der Käufer nur Eigentum hat, muß der nachstehende Gläubiger, der ja jetzt primus geworden ist, dem Käufer offerieren, als ob letzterer, außer seinem Eigentum auch noch ein besseres Pfandrecht hätte, und andererseits muß sich auf diese Weise der Käufer die Wegnahme seines Eigentums und seines Ranges gefallen lassen! Und dabei meint Dernburg im Gegensatz zu Buchka hier das jus offerendi im eigentlichen technischen Sinne, obgleich er dem Käufer jedes Pfandrecht abspricht!

Aus diesen Erörterungen ergiebt sich zur Genüge, daß die Dernburg'sche Ansicht unmöglich aufrecht gehalten werden kann.

Kuhlmann, a. O. S. 72. f. — Buchta, a. O. S. 41.

§ 19.

Die Ansicht von Sintenis.

Im großen und ganzen das gleiche Ergebnis hat die Ansicht von Sintenis. Auch er nimmt nur Eigentum des Käufers an „mit der Befugnis die Folgen eines früheren Pfandrechts geltend zu machen nur im Wege der Einrede vorausgesetzt"; während er insbesondere bei l. 3 § 1 cit. 20,5 „ein bedingt widerrufliches Eigentum" als „der Frucht einer necessitas juris" statuiert[1]). Bei letzterem gesteht Sintenis allerdings gleich freiwillig, daß es etwas abnormes sei, „nur geboten durch die Eigentümlichkeit „des römischen Pfandrechts, welches die verschiedenen kollidierenden Interessen nicht besser (?!) zu wahren wußte".

Sintenis, Streitfragen, S. 91.

Nach diesem Geständnis bezüglich der l. 3 § 1 cit. wird es wohl kaum nötig sein, auf eine Widerlegung näher einzugehen. Genügen dürfte es hoffentlich, auf das poterit offerri und den Schlußsatz der l. 3 § 1 cit. 20,5 hinzuweisen; im übrigen vgl. oben S. 33 u. 35. Bei den anderen beiden Stellen l. 17 D. qui pot. 20,4 und c. 3 C. de his qui in prior. 8,18 stützt Sintenis seine obige Meinung hauptsächlich auf das Axiom „kein Pfandrecht an der eigenen Sache" und auf die Ausdrücke defensione te tueri potes und eatenus tuendum. Hiergegen müssen aber dieselben Einwendungen gemacht werden wie oben bei Dernburg's Ansicht (vgl. oben S. 38.)

Das in l. 3 C. cit. erwähnte jus (in jus succedere) beseitigt auch Sintenis ebenso wie Dernburg (nach ihm): es bedeute nur den Rang des Käufers, keineswegs sei jus pignoris gemeint, was daraus hervorgehe,

[1]) Zu diesen Ausführungen von Sintenis zu l. 3 § 1 cit. muß allerdings bemerkt werden, daß Sintenis diese auf gleiche Stufe mit den unten noch näher zu erwähnenden l. 2, l. 5 § 1 und l. 6 D. de distr. 20,5 stellt, wo es heißt: Der Kauf des Pfandes seitens des Bürgen oder Nachhypothekars werde necessitate juris betrachtet als geschehen zum Zweck des Erwerbs des Pfandrechts, nicht des Eigentums! Vgl. unten S. 42 f. Zu dieser Auffassung liegt aber in l. 3 § 1 D. cit. nicht der geringste Grund vor: in den Stellen findet sich davon nicht die leiseste Andeutung.

daß der Schutz des Käufers nur bis zur Höhe der Forderung des Gläubigers reiche und ferner ein Pfandrecht ohne Forderung undenkbar sei, der Käufer aber nicht eine solche an sich selbst haben könne.

Sintenis, Streitfragen, S. 92.

Der erste Grund aber beweist gar nichts; denn wenn mit jus das Pfandrecht gemeint ist (wie dies meines Ermessens der Fall ist), so kann doch Sintenis nicht etwa annehmen, daß dann der Käufer weniger oder mehr geschützt werde, bezw. daß dann sein Pfandrecht eine größere oder kleinere Wirkung habe als die Forderung des ersten Gläubigers betrug? Es ist doch selbstverständlich, daß der Käufer nur soweit geschützt wird, als das Pfand= recht des ersten Gläubigers d. h. eben die Wirkung desselben infolge seines Ranges reicht. Auch der zweite Grund kann nicht für stichhaltig erachtet werden. Denn die herrschende Meinung behauptet ja in diesem Falle der hypothekarischen Succession, daß mit dem „Pfandrecht zugleich seine Forderung und das Pfandrecht nur auf Grund des Ueberganges der Forderung übergehe". Oder aber man kann auch annehmen, — und da der herrschenden Meinung entgegensteht, daß die Quellen nirgends einen Uebergang der Forderung er= wähnen, dürfte dies wohl richtiger sein —, daß hier ein Uebergang des Pfandrechts ohne die Forderung stattfindet, wie ja in dem Falle, daß die hypothekarische Succession durch Novation der Forderung erfolgt, auch die herrschende Meinung annimmt.

Mühlenbruch, Lehre v. d. Cession der Forderungsrechte, S. 182 f. — Puchta, Pand., § 213. — Windscheid, Pand. I., § 233b No. 16¹. — Arndts, a. O. § 374 Anm. 1a. — Buchta, a. O. S. 30.

Daher dürfte man wohl der Ansicht von Sintenis ebenso wenig wie der von Dernburg beistimmen.

§ 20.

Die Ansichten von Puchta, Jungenfeldt und Fritz.

Puchta behauptet in seinen Institutionen mit Bezug auf die oben citierten Stellen, daß die römischen Juristen „den Erwerb des Eigentums fallen gelassen hätten; sie erhalten dem Käufer das Pfandrecht, indem sie das Geschäft nicht als Kauf, sondern als Darlehn zur Abfindung des Vorgängers interpretieren". Ähnlich drückt sich Puchta auch in seinen Pandekten aus.

Puchta, Kursus der Institutionen, 3. Aufl. von Rudorff, Leipzig 1851. II., § 251 ii; Pand., § 213 1 o.

Daß aber Puchta den römischen Juristen ganz willkürlich eine solche Interpretation unterschiebt, das stört allerdings den gewaltigen Systematiker nicht. Wenn es nur in sein System paßt! In keiner der oben angeführten Stellen findet sich die leiseste Andeutung eines solchen Gedankens; kein Wort weist darauf hin. Daß hier gar kein Eigentum vom Käufer erworben werden solle, oder daß dies nur zum Schein geschehen solle, daß eine solche Auffassung des Rechtsgeschäfts in der Absicht der Parteien gelegen habe oder, daß das Gesetz eine solche annimmt, dafür kann rein gar nichts, auch nicht der unbedeutendste Schimmer eines Grundes aus den Quellenstellen angeführt werden.

Jungenfeldt — ebenso Brinz — will auch bei c. 3 C. cit. 8,18 und bei l. 17 D. cit. 20,4 (die l. 3 § 1 D. cit. 20,5 übergeht er mit Stillschweigen) nicht einräumen, daß die Stellen von einem Pfandrecht sprechen. Seine Ansicht läuft darauf hinaus, daß der Käufer nur in die Vorrechte der Abgefundenen eintrete und denselben Schutz wie diese gegen die posteriores creditores genieße.

Jungenfeldt, a. O. S. 23 f. — Brinz, a. O. I., § 79 i. f. S. 302.

Ein näheres Eingehen auf seine Meinung, zumal er keine neuen Beweise bringt, dürfte im Hinblick auf die vorangegangenen Erörterungen überflüssig erscheinen. Nur das mag hier noch Erwähnung finden. Jungenfeldt sagt im Anschluß an l. 17 D. cit. 20,4: Der Käufer brauchte nicht erst gegen die nachstehenden Pfandgläubiger geschützt zu werden, wenn er wirklich die Stelle des Abgefundenen ganz eingenommen hätte, da er in diesem Falle schon durch gesetzliche Vorschrift vollauf gegen die posteriores gesichert gewesen wäre.

Jungenfeldt scheint Folgendes hiermit gemeint zu haben: Aus dem tueri ergebe sich, daß ein Pfandrecht nicht vorhanden gewesen sei; denn wäre dies der Fall gewesen, d. h. hätte der Käufer das vorstehende Pfandrecht erhalten, dann wäre ein Schutz, der hier doch erwähnt werde, überflüssig gewesen, da das bessere Pfandrecht eo ipso über das schlechtere obsiege. Das ist aber ganz verkehrt gedacht und beweist nichts gegen die hier aufgestellte Ansicht, daß eben in dem tueri der Sinn liege, kraft des Pfandrechts könne sich der Käufer schützen. Daß nun aber der Käufer ein Pfandrecht an der eigenen Sache habe, das mußte eben erst rechtlich anerkannt werden und dies geschieht in den obigen drei Stellen.

Schließlich möge noch kurz berührt werden die Ansicht von Fritz. Derselbe gesteht dem Käufer nur die Rechtsmittel des abgefundenen Gläubigers gegen die anderen Pfandgläubiger zu: Die actio hypothecaria und das jus offerendi; letzteres stehe ihm als Besitzer zu. (Das jus vendendi habe er nicht — hierauf wird unten S. 60 ff. noch zurückgekommen werden.)

Fritz, a. O. S. 546 c.

— 42 —

Es kehrt auch hier die Meinung wieder, daß es eine Pfandklage ohne Pfandrecht geben könne. Dies ist schon oben (S. 8 ff.) abgewiesen worden.

Ferner, weswegen muß denn der nachstehende Pfandgläubiger dem Käufer erst offerieren, während er doch, falls derselbe kein Pfandrecht hat, einfach ohne jedes offerre mit der dinglichen Pfandklage durchdringen müßte?

Unser Ergebnis, daß in den obigen drei Stellen die Möglichkeit eines Pfandrechts an der eigenen Sache anerkannt ist, wenn nämlich Jemand Pfandrecht und Eigentum zugleich erwirbt, wird durch die Beweisführung unserer Gegner nicht umgestoßen.

Arndts, a. O. § 374 h. — Bähr, in Dogm. Jahrb. XI., S. 95. — Baron, a. O. § 193,2, No. 4 u. § 207 II. 1d. — Büchel, a. O. I., 2 S. 89 No. 8. — G. Hartmann, in Dogm. Jahrb. XVII., S. 110 f. — Jhering, a. O. X., S. 453 No. 77. — Kuhlmann, a. O. S. 54, 72 u. 85. — Mühlenbruch, D. P. I., § 301 No. 11. — Regelsberger, a. O. S. 205. — Roth, a. O. S. 115. — Schott, a. O. S. 31. — Seuffert, a. O. § 202. — Vangerow, a. O. I., § 392, Anm. Ziff. 3a, Abs. 1. — Wening-Ingenheim, a. O. S. 137 f. — Windscheid, Pand. I., § 233b. No. 10 u. § 248 No. 27 u. 28.

Vierter Abschnitt.

Irrtümlich wird ein Pfandrecht an der eigenen Sache angenommen:

§ 21.

I. in l. 2; l. 5 § 1 und l. 6 D. de distr. 20,5.

Wening-Ingenheim und Vangerow haben behauptet, daß auch in l. 2, l. 5 § 2 und l. 6 D. de distr. 20,5, wenn der Bürge oder Nachhypothekar das Pfand kauft, ein Pfandrecht an der eigenen Sache vorliege.

Wening-Ingenheim, a. O. S. 138 f. — Vangerow, a. O. I. § 392 Anm. Ziff. 3a. Abs. 1 u. 4.

Die eben genannten Stellen lauten:

l. 2 D. de distr. pign. 20,5.

Papinianus lib. 2. Respons.

Fidejussor conventus officio judicis adsecutus est, ut emtionis titulo praedium creditori pignori datum susciperet: nihilominus alteri creditori, qui postea sub eodem pignore contraxit, offerendae pecuniae, quam fidejussor dependit cum usuris medii temporis, facultas erit: nam hujusmodi venditio transferendi pignoris causa necessitate juris fieri solet.

Der Bürge, vom Gläubiger belangt, zahlt und erhält dafür durch den Richter das Pfand und zwar titulo emtionis zugesprochen, d. h. der Gläubiger verkauft sein Pfand an den Bürgen; mit dem Kaufpreis, welchen der Bürge zahlt, wird die Forderung des Gläubigers getilgt.

Zweitens l. 5 § 1 D. de distr. 20,5:

Marcianus lib. sing. ad form. hyp.

Si secundus creditor vel fidejussor soluta pecunia pignora susceperint, recte eis offertur, quamvis emtionis titulo ea tenuerunt.

Der Nachhypothekar oder Bürge zahlt die Schuldsumme an den Gläubiger. Dafür verkauft ihnen Letzterer das Pfand: recte eis offertur. Der Nach= hypothekar oder der Bürge erhalten das Pfandrecht.

Drittens l. 6 D. de distr. 20,5:

Modestinus lib. 8 regularum.

Cum posterior creditor a priore pignus emerit, non tam acquirendi dominii quam conservandi pignoris sui causa intellegitur pecuniam dedisse et ideo offeri a debitore potest.

Daß in diesen drei Stellen — wenn der Bürge oder Nachhypothekar das Pfand kauft — ein Pfandrecht an der eigenen Sache anzunehmen sei, diese Behauptung hat, trotzdem sie auf den ersten Blick als richtig erscheint, doch fast gar keine Verteidigung gefunden. Nur Wening=Ingenheim (hinsichtlich der l. 6 D. cit.) und Vangerow haben auch aus ihnen ein Pfandrecht an der eigenen Sache herleiten wollen. Man ist jedoch sonst vollkommen darüber einig, daß in diesen Fällen durch den Kauf nur zum Schein Eigentum erworben werde. Zweck der Parteien ist vielmehr necessitate juris nur Uebertragung des Pfandrechts, nicht Erwerb des Eigentums.

Da diese Ansicht jetzt allgemein anerkannt ist — ja selbst Vangerow gesteht, daß hinsichtlich der l. 6 cit. streng genommen dies die richtige Auf= fassung sein dürfte — so ist es wohl kaum nötig, näher hierauf einzugehen. Nur der Hinweis mag hier noch gestattet sein, daß die Richtigkeit dieser Behauptung zweifellos sich ergiebt aus den Sätzen in l. 2 i. f. cit.: Nam hujusmodi venditio transferendi pignoris causa necessitate juris fieri solet und in l. 6 cit.: non tam acquirendi dominii quam servandi pignoris sui causa.

Bachofen, a. O. S. 530, 533 u. 538. — Bring, a. O. I., § 79 i. f. Zif. 1. — Jungenfeldt, a. O. S. 26. — Kuhlmann, a. O. S. 53 u. 75. — Puchta, Pand. 202 l u. § 213 g. — Sintenis, Streitfragen, S. 90 f. — Ferner Dernburg, Pfandrecht II., S. 166 ff. u. Francke, a. O. S. 108.

II. in l. 7 D. qui pot. 20,4; l. 3 § 1 D. de reb. eor. 27,9 und
in c. 6 C. de serv. pign. 7,8.

§ 22.

Erklärung der citierten Gesetzesstellen.

Ebenso wie die vorige Behauptung ist auch der Satz, daß dem Mündel
Pfandrecht und Eigentum zugleich an den Sachen zustehen solle, welche der
Vormund für pecunia pupillaris anschaffe, heutzutage allgemein verworfen.
Aufgestellt hat · diese Behauptung Wening=Ingenheim — ebenso
Mühlenbruch und Seuffert —, ohne irgend einen Beweis zu bringen als
die Quellencitate; Bachofen darauf hat diese Ansicht zu der seinigen gemacht
und eine nähere Begründung derselben versucht — jedoch ohne Erfolg!

Wening=Ingenheim, a. O. S. 150. — Mühlenbruch, D. P. § 301
No. 11. — Seuffert, a. L. § 506. — Bachofen, a. L. S. 94 f.

Die Quellenstellen selbst lauten:

l. 7 D. qui pot. 20,4:

Ulpianus lib. 3 Disput.

Idemque est (i. e. ein gesetzliches Pfandrecht findet statt), si ex nummis pupilli fuerit res comparata. Quare si duorum pupillorum nummis
res fuerit comparata, ambo in pignus concurrent, pro his portionibus,
quae in pretium rei fuerint expensae.

Ferner l. 3 pr. D. de reb. cor. 27,9:

Ulpianus lib. 35 ad Edict.

Sed si pecunia alterius pupilli alteri pupillo fundus sit comparatus, isque pupillo vel minori traditus, an pignoris obligationem possit
habere is, cujus pecunia fundus sit emptus? et magis est, ut salvum
sit jus pignoris (secundum constitutionem Imperatoris nostri et Divi
patris ejus) ei pupillo, cujus pecunia comparatus est fundus.

Schließlich c. 6 C. do serv. pign. 7,8:

Imperator Alexander.

Si tutor tuus de pecunia tua servos emptos manumisit: quoniam
hujusmodi servi, sicut ceterae res pupillaribus pecuniis emptae, jure
pignoris ex constitutione divorum parentum meorum obligati sunt,
favore pupillorum liberi facti non sunt.

Aus diesen drei Stellen geht klar hervor, daß der Mündel ein still=
schweigendes, gesetzliches Pfandrecht an den mit seinem Gelde erworbenen

Sachen hat. Daß nun der Pupill außer diesem Pfandrecht auch noch das Eigentum an diesen Sachen hat, glaubt Bachofen herleiten zu können aus

l. 2 D. quando ex facto 26,9:
Ulpianus lib. 1 Opinionum.

Si tutor vel curator pecunia ejus, cujus negotia administrat, mutua data ipse stipulatus fuerit vel praedia in suum nomen emerit, utilis actio ei, cujus pecunia fuit, datur ad rem vindicandam vel mutuam pecuniam exigendam.

Ulpian gewährt in der That hier dem Pupill als Eigentümer des Geldes, das der tutor oder curator auf seinen eigenen Namen ausgeliehen hat, eine utilis actio ad vindicandam rem etc. gegen den tutor oder curator. Während also nach den vorigen Stellen das gesetzliche Pfandrecht dem Mündel zusteht, sowohl an dem vom tutor als auch an den von einem Dritten für sein Geld erworbenen Sachen, wird in dieser lex die actio utilis ad etc. gegeben nur in dem ersteren Fall, also wenn der tutor selbst er= worben hat und zwar in eigenem Namen. Folgt nun aus dieser letzteren Stelle in Verbindung mit den früheren, daß dem Mündel Pfandrecht und Eigentum an den vom Vormund mit pecunia pupillaris erworbenen Sachen zugleich zustehe?

Fast scheint es so. Das ist zunächst klar, daß der Mündel nicht directes Eigentum hat; denn nur eine actio utilis ist ihm gegeben. Der Grund hierfür liegt darin, daß ja der tutor selbst in eigenem Namen hier gehandelt hat und darum auch allein berechtigt (bezw. verpflichtet) wird. Daß der tutor immer so handelt und zwar auch dann, wenn er im Interesse des Mündels Geschäfte abschloß, darf nicht Wunder nehmen, weil ja im römischen Recht die directe Stellvertretung nicht in Gebrauch war, ins= besondere bei Mancipatio und Stipulatio, um die es sich ja hier handelt, schlechterdings unmöglich war. Um nun dem Mündel schließlich das, was ja in seinem Interesse vorgenommen war, auch thatsächlich und rechtlich zu= kommen zu lassen, übertrug der tutor auf den pupillus die erworbenen Rechte und Pflichten. Hatte nun eine Cession seitens des tutor nicht statt= gehabt, so hatte ursprünglich der Mündel nur die actio tutelae. Mit der Zeit aber gewährte das Gesetz die Klagen, die dem tutor aus solchen Ge= schäften mit pecunia pupillaris zustanden, einfach utiliter dem Mündel. Dies war seit Julian der Fall, wie Ulpian mitteilt in

l. 9 pr. de administr. et peric. tut. 26,7:
Ulpianus lib. 36 ad Edict.

.... quod si neque pupillus ejus aetatis erit, ut stipulari possit neque servum habebit: tunc ipso tutor quive in ejus potestate erit. Quo casu Julianus saepissime scripsit, utilem actionem pupillo dandam ....

Ferner c. 2 C. quando ex facto 5.39:

Imperator Alexander.

Et si tutores tui cum pecuniam pupillarem crederent, ipsi stipulati sunt: utilis actio tibi dabitur.[1]

Vergleicht man diese Stellen mit der obigen l. 2 D. quando ex facto 26.9 (auch von Ulpian!), so ergiebt sich völlige Uebereinstimmung. Insbesondere die Worte Ulpian's: utilis actio ei, cujus pecunia fuit, datur ad rem vindicandam vel mutuam pecuniam exigendam weisen unzweifelhaft darauf hin, daß der Pupill die Klage, welche dem tutor zusteht, aus seiner stipulatio für das Darlehen (von pecunia pupillaris) und die, welche ihm zusteht wegen des Eigentumserwerbs an dem Grundstück, nunmehr utiliter an Stelle des tutor auszuüben berechtigt sein solle. Bestätigt wird diese Auffassung der actio utilis durch c. 3 C. de arbitrio tutelae 5,51. Zugleich ergiebt sich eben hieraus auch, welche Stellung diese Klage einnimmt gegenüber der actio hypothecaria, welche dem Mündel kraft seines gesetzlichen Pfandrechts an dem mit seinem Gelde Erworbenen zusteht.

Es heißt dort c. 3 C. cit.

Imperator Antoninus (216).

Si curator post decretum praesidis sublata pecunia, quae ad comparationem possessionis fuerat deposita, sibi praedium comparavit, elige, utrum malis in emptione negotium tibi cum gessisse, an quia in usus suos pecuniae conversae sunt, legitimas usuras ab eo accipere, secundum quae judex tutelae judicis redditus partem religionis implebit.

Hat der Vormund mit pecunia pupillaris Sachen für sich angeschafft, so hat der Mündel die Wahl: entweder er kann den Erwerb des tutor als in seinem Interesse gemacht ansehen: der tutor muß ihm die Sachen herausgeben bezw. die Klagen, die derselbe erworben hatte, werden

[1] Vgl. auch c. 4 C. cit. 5,39 u. l. 26 D. de reb. cor. 12,1. — Zu entsprechender Weise werden auch gegen den Mündel die Klagen utiliter gegeben. Vgl. c. 1 C. quando ex facto 5.39: Antonius: Juliana, cujus tibi curatores condemnati sunt, si XXV. annum aetatis egressa est, actio judicati utilis adversus ipsam bonaque ejus exercenda est. — Ebenso l. 2 pr. D. de administr. tut. 26,7.

als utiles auf ihn übertragen: er kann z. B. die actio ex stipulatu aus der Stipulation, die der tutor für sich abgeschlossen hatte, als utilis jetzt geltend machen oder die rei vindicatio als utilis, wenn der tutor Eigentum erworben hatte; — oder aber der Mündel klagt auf Ersatz des Geldes, wenn ihm die vom tutor gemachten Anschaffungen nicht gefallen, d. h. wenn der tutor das Mündelgeld nur in seinem eigenen Interesse verwandt hat: quia in usus suos pecuniae conversae sunt; er stellt die actio tutelae an: dann muß der Vormund vollen Ersatz der Mündelgelder leisten mit gesetzlichen Zinsen. Dafür haften die angeschafften Sachen kraft stillschweigenden Pfandrechts: der Mündel hat die actio hypothecaria für diese Forderung an den tutor.

Daß sich Pfandrecht und Eigentum hier zusammen vorfinden, daß, wie Bachofen sagt, der Mündel, wenn er mit der rei vindicatio unterliegt, die actio hypothecaria anstellen könne, davon steht nichts in den Quellen.

§ 23.
Die Ansichten von Bachofen und Löhr.

Damit Bachofen seine Ansicht aufrecht halten kann, muß er natürlich die c. 3 C. cit. aus der Welt schaffen. Dies thut er denn auch auf die gewaltsamste Weise. Er ruft pathetisch aus: „Was hat das Wahlrecht zwischen der Berechnung gesetzlicher Zinsen und der Geltendmachung einer negotiorum gestio im arbitrium tutelae mit der Vereinigung der vindicatio dominii und der vindicatio pignoris in derselben Person zu schaffen? Dort wird dem Pflegling die Wahl zwischen zwei möglichen Auslegungen des Kaufs eingeräumt; er kann das Geschäft als für sich abgeschlossen behandeln oder sein Geld mit Zinsen zurückverlangen; hier tritt dem Pfandrecht das Eigentum zur Seite."

Bachofen, a. O. S. 94 f.

Wie ungerechtfertigt Bachofens Einwurf ist, liegt wohl klar auf der Hand. Die c. 3 C. cit. enthält einen den früheren Stellen vollkommen entsprechenden Fall: sibi praedium comparavit pecunia pupillari. In seinen Ausführungen vermißt man jeden Hinweis auf die Entstehung der utilis actio, was es mit ihr für eine Bewandnis habe. Ihm genügt, daß in der einen Stelle dem Mündel ein Pfandrecht gewährt wird, in der anderen eine utilis rei vindicatio. Wunderlich ist es wohl auch, wenn er die erwähnte Bestimmung des Wahlrechts des Mündels von einer „Auslegung des Kaufs" herleiten will.

Ebenso wenig Beifall verdient die Ansicht von Löhr — ihm hat sich sein Schüler Jungenfeldt angeschlossen —, daß die actio utilis eine Folge des dem Mündel zustehenden Pfandrechts ist.

Löhr, in Löhr u. Grolmann, Magazin f. Rechtswissenschaft u. Gesetz=gebung III., S. 134 u. IV., S. 144 f. — Jungenfeldt, a. O. S. 39 f.

Denn dagegen sprechen die obigen Ausführungen — insbesondere ist auch hier das actio utilis ad rem vindicandam vel mutuam pecuniam exigendam zu beachten — und hauptsächlich beweist gegen diese Auffassung die erwähnte c. 3 C. cit. Denn hier ist ja davon die Rede, daß der Mündel in den Kauf eintreten könne; daß auch dies eine Folge des Pfand=rechts sein solle oder daß auf diese Weise der Mündel sein Pfandrecht aus=üben solle, ist nicht anzunehmen. Zwar will Löhr die Beweiskraft der c. 3 C. cit. 5,51 durch die Behauptung abschwächen, daß nur in diesem im Re=script näher bestimmten Fall dem Mündel ein außerordentliches Wahlrecht zukommen solle; aber hierfür läßt sich kein Grund anführen. Denn im allgemeinen ist, wie schon oben bemerkt, der Fall dieses Rescripts vollkommen gleichartig dem von l. 2 D. cit. 26,9. Nur in unwesentlichen Dingen sind beide Fälle verschieden.

Dernburg, Pfandrecht I., S. 326 f. — Vangerow, a. O. I., § 332 Anm. 3 III., 2b. — Glück, a. O. Bd. 8 S. 161 f. — Kuhlmann, a. O. S. 50 No. 202. — Fritz, a. O. I., S. 293 f.

§ 24.

Die Ansicht Jhering's über die rei vindicatio utilis des Mündels.

Jhering hält die rei vindicatio utilis für eine privilegierte Form der Geltendmachung eines obligatorischen Anspruchs, weshalb sie nur gegen den Vormund, nicht gegen dritte Besitzer gehe.

Jhering, a. O. I., S. 150 ff., S. 175 f. u. Bd. X., S. 517 ff.

Mit dieser Ansicht ist aber nicht recht vereinbar der Schlußsatz von l. 2 D. cit. 26,9. Denn wie schon oben hingewiesen wurde, steht in dieser Stelle nebeneinander die actio utilis ad rem vindicandam und die utilis actio ad pecuniam exigendam d. h. also die utilis actio bedeutet nichts anderes, als daß der dingliche wie persönliche Anspruch des Vormundes auf den Mündel übertragen wird. Daß bei beiden Ausdrücken nur an einen obligatorischen Anspruch gedacht werden könne, läßt sich wohl nicht annehmen.

Auch findet sich in den Quellen nirgends ein Anhalt, daß die hier erwähnte actio utilis nur gegen den Vormund gehe.

Windscheid, Pand. I., § 174 No. 9; die Aktio des röm. Civilrechts vom Standpunkt des heutigen Rechts. Düsseldorf 1856, S. 218 f. — Arndts, a. O. § 145 No. 3. — Dernburg, Pfandrecht I., S. 326 No. 9; Pand. I., § 225 No. 8 u. 11.

§ 25.
Welche Bedeutung hat die rei vindicatio utilis des Mündels?

Schließlich mag noch Erwähnung finden, daß darüber Streit herrscht, ob die rei vindicatio utilis in diesem Fall aufzufassen sei als Ausdruck des übergegangenen Eigentumsrechts — so Windscheid, Glück und Arndts — oder als Übertragung einer einzelnen Eigentumsbefugnis, nämlich nur der Klage, wie bei der wirklichen Cession, — so Dernburg, Vangerow und Fritz.

Windscheid, Pand. I., § 174 No. 7 u. 9; die Aktio S. 218. — Glück, a. O. Bd. 8., S. 161. — Arndts, a. O. § 145, Anm. 3. — Dernburg, Pfandrecht I., S. 326. — Vangerow, a. O. I., § 332 Anm. 3 III., 2b. — Fritz, a. O. I., S. 295.

Der letzteren Ansicht dürfte der Vorzug zu geben sein: Einerseits heißt es in den angeführten Quellenstellen durchgängig actio utilis ad rem vindicandam pupillo datur, während beim tutor gesagt wird: ipse stipulatus fuerit — in suum nomen emerit — sibi comparaverit. Andererseits entspricht es auch vollkommen den römischen Anschauungen über die Stellvertretung — und als solche wird doch hier die Handlungsweise des tutor angefaßt, obgleich er durchaus nicht als Stellvertreter des Mündels auftreten will, sondern im eigenen Interesse —, daß der Stellvertreter dem Vertretenen seine Klagen cediert. Hier in diesem Fall werden gegen den Willen des tutor dessen actiones als utiles auf den Mündel kraft Rechtsvorschrift übertragen.

Übrigens unterliegt es jetzt wohl keinem Zweifel mehr, — mag man über die einzelnen besonderen Streitfragen denken, wie man wolle, — daß, wenn der Vormund für pecunia pupillaris Sachen anschafft, dann dem Mündel daran nicht Pfandrecht und Eigentum zugleich zustehe, sondern daß er nur die Wahl habe, ob er sein Pfandrecht geltend machen, oder eine actio utilis ad vindicandam rem anstellen will.

So sagt schon Fachinaeus: Quoniam pupillus habet electionem, ut rem emptam ex pecunia sua vindicare possit tanquam dominus, vel ut possit pecuniam suam repetere tanquam creditor. Si vult pecuniam

4

suam repetere tanquam creditor, privilegium habet hypothecae et prae-
lationis. Ista electione facta remanet exclusus a rei vindicatione et
dominio ipsius rei: quoniam noluit eligere rem ipsam.

Arnbts, a. O. § 373 Anm. 3b. — Dernburg, Pfandrecht I., S. 325—27.
— Fritz, a. O. I., S. 293—95. — Glück, a. O. Bd. 8 S. 159—63; Bd.
19 S. 56. — Kuhlmann, a. O. S. 58. — Sintenis, Streitfragen,
S. 96 f. — Bangerow, a. O. I., § 332 Anm. 3 III., 2b: § 376 Anm.
Ziff. 3; § 392 Anm. Ziff. 3b. — Windscheid, Pand. I., § 174 No. 9;
die Attio S. 213 No. 3. — Fachinaeus, a. O. p. 947.

III. Kein Pfandrecht an der eigenen Sache in c. 30 C. de Jure dotium 5,12.

§ 26.

Erklärung der c. 30 C. cit.

Wening-Ingenheim hat die Behauptung aufgestellt — und
Mühlenbruch und Seuffert haben sich ihm angeschlossen —, daß auch in
c. 30 C. de jure dotium 5,12 der Frau hinsichtlich ihrer Dotalsachen
Eigentum und außerdem zur vollen Sicherheit noch das Pfandrecht gegeben
worden sei. Diese Ansicht hat aber nirgends Anklang gefunden. Vielmehr
hat sich jetzt fast durchgängig die Meinung siegreich Bahn gebrochen, daß im
genannten Fall der Frau ein Wahlrecht zusteht, ob sie die rei vindicatio
oder die actio hypothecaria anstellen will.

Wening-Ingenheim, a. O. S. 150. — Mühlenbruch, D. P. § 301
No. 11. — Seuffert, a. O. § 460.

Die c. 30 C. cit. 5,12 lautet:

Imperator Justinianus (529).

In rebus dotalibus sive mobilibus sive immobilibus seu se moven-
tibus (si tamen exstant) sive aestimatae sive inaestimatae sint, mulierem
in his vindicandis omnem habere post dissolutum matrimonium praerogativam jubemus: et neminem creditorum mariti, qui anteriores sunt, posse
sibi potiorem causam in his per hypothecam vindicare: cum eaedem
res et ab initio uxoris fuerint, et naturaliter in ejus permanserint
dominio. Non enim quod legum subtilitate transitus earum in patri-
monium mariti videatur fieri, ideo rei veritas deleta vel confusa est.
Volumus itaque eam in rem actionem in hujusmodi rebus quasi
propriis habere et hypothecariam omnibus anteriorem possidere:

ut sive ex naturali jure ejusdem mulieris res esse intelligantur, sive secundum legum subtilitatem ad mariti substantiam pervenisse videantur, per utramque viam sive in rem sive hypothecariam ei plenissime consulatur.

Omnis autem temporalis exceptio, sive per usucapionem inducta sive per X sive per XX annorum curricula sive per XXX vel XL annorum metas sive ex alio quocunque tempore majore vel minore sit introducta: ea mulieribus ex eo tempore opponatur, ex quo possint actiones movere .... cum constante etiam matrimonio posse mulieres contra maritorum parum idoneorum bona hypothecas suas exercere, jam nostra lege humanitatis intuitu definitum sit . . .

Der Inhalt dieser Verordnung Justinian's ist etwa folgender: Nach Auflösung der Ehe soll die Frau die noch vorhandenen Dotalsachen frei von jeder (von seiten des Mannes darauf gelegten) Hypothek erhalten. Die Dotalsachen ständen ja jure naturali im Eigentum der Frau und zwar eigentlich ja auch jetzt noch. Daher käme der Frau zur Rückforderung die actio in rem, die vindicatio zu: denn die res seien »quasi propriae« zu betrachten. Nach den Gesetzen aber werde freilich der Mann als Eigentümer angesehen. Fasse man die Sache so auf, dann müsse die obige Bestimmung praerogativam omnem habere mulierem zurückgeführt werden auf die actio hypothecaria. Die Frau besitze ein Pfandrecht. Mag man sich nun dies denken, wie man wolle, auf jeden Fall soll die Frau zu ihren Dotalsachen kommen: zu diesem Zweck kann sie entweder die actio in rem b. i. die vindicatio oder die actio hypothecaria anstellen!

Volumus itaque eam in rem actionem habere et hypothecariam omnibus anteriorem possidere, ut... per utramque viam sive in rem sive hypothecariam ei plenissime consulatur.

Aus dem Gewähren der vindicatio folgern, daß die Frau Eigentum an den Dotalsachen erhalte — wie z. B. Windscheid — dürfte sich wohl nicht empfehlen, denn Justinian sagt: eam in rem actionem in hujusmodi rebus quasi propriis habere. Das quasi propriis kann aber nur den Sinn haben: „als wenn dies ihre eigenen Sachen wären", und daraus folgt eben, daß die Frau kein Eigentum an denselben hatte. Windscheid behauptet dem gegenüber, daß quasi „einem Dinge oft geradezu eine bestimmte Eigenschaft beilege und daher ohne Weiteres mit „als" zu übersetzen sei".

Windscheid, Pand. I., § 174 No. 2a; die Attio S. 218.

1*

Doch Justinian sagt ja vorher, daß ein Eigentum der Frau eigentlich gar nicht zukomme, nur naturaliter könnte man ein solches etwa annehmen. Dieser Auffassung Justinian's entspricht dann vollkommen das rebus quasi propriis und im weiteren Verlauf der Satz: ut sive ex naturali jure ejusdem mulieris res esse intelligantur.

Jhering, a. O. 1., S. 129. — Jungenfeldt, a. O. S. 48. — Kuhl= mann, a. O. S. 59 No. 207. — Löhr, a. O. IV., S. 74.

§ 27.
Dernburg's Auffassung der c. 30 C. cit.

Dernburg glaubt, es habe Justinian fern gelegen, der Frau wegen ihrer Ansprüche auf die Dotalsachen ein Pfandrecht an diesen Sachen zu gewähren. Seine Absicht sei vielmehr darauf gerichtet gewesen, ihr das Eigentum an diesen Sachen zu schaffen; deshalb habe er ihr die vindicatio gegeben, und soweit sie gegen Hypothekare auftreten müßte, könne man die neu geschaffene Klage actio hypothecaria nennen. Dernburg findet seine Meinung bestätigt in Nov. 91 c. 1 durch die Worte: hic enim actio in rem vel de dominio pure competit et unusquisque suum habere debet, quod nullo privilegio indiget.

Dernburg, Pfandrecht 1., S. 383.

Aber gegen Hypothekare kann sich die Frau eben nur durch ein Pfand= recht verteidigen. Da nun hier in c. 30 C. cit. auch ausdrücklich gesagt wird: hypothecariam omnibus anteriorem possidere[1]), so dürfte wohl kaum Grund vorliegen, das in diesen Worten liegende Pfandrecht weginterpretieren zu wollen, da bei einem solchen Versuche doch eine ganz eigentümliche Klage von Justinian hervorgebracht worden wäre: eine Art Vindikationsklage ausgestattet mit pfandrechtlichen Vorzügen. Auch bieten die Worte in Nov. 91 c. 1 keinerlei Schwierigkeiten. Daß Justinian der Frau vor allem das Eigentum verschaffen will, das suum habere etc., ist zuzugeben. Das hindert aber nicht anzunehmen, daß Justinian diesen Zweck durch das Pfandrecht zu erreichen suchte und zwar war dies Pfandgläubigern gegen= über wohl auch das geeignetste und natürlichste Mittel, wodurch schließlich auch das suum habere etc., das Verschaffen des Eigentums bewirkt wurde[2]).

---

[1]) Vgl. insbesondere auch am Schluß: cum constante etiam matrimonio mulieres contra maritorum parum idoneorum bona hypothecas suas suas exercere u. ähnl.

[2]) Nach Dernburg, a. O. S. 383 s. erhielt die Frau erst im folgenden Jahre 530 durch die l. 1 C. de rei uxor. act. 5,13 (und durch l. 11 C. de pact. conv. 5,14) eine Legalhypothek am Vermögen des Mannes wegen Rückerstattung der dos.

§ 28.

Die Ansichten Ihering's und Löhr's über die rei vindicatio utilis in c. 30 C. cit.

Ihering's Ansicht, daß die hier genannte rei vindicatio utilis eine privilegierte Form der Geltendmachung eines obligatorischen Anspruchs sei, daß sie insbesondere nur gegen den zur Eigentumsübertragung verpflichteten Eigentümer, nicht aber gegen Dritte gehe und daß sie daher neben der actio hypothecaria angestellt werden könne, läßt sich auch nach c. 30 C. cit. nicht aufrecht erhalten.

Ihering, a. O. I., S. 126—32 u. S. 158—75; X. S. 517 ff.

Daß hier beide Klagen neben einander geltend gemacht werden könnten, wie Ihering aus dem in rem actionem .... et hypothecariam .... etc. schließen will, dieser Gedanke ist schon oben (S. 51) als unzutreffend abgewiesen worden. Der gleich darauf folgende Satz ut per utramquo viam sive in rem sive hypothecariam ei plenissime consulatur läßt den Willen Justinian's hier ein Wahlrecht zwischen beiden Klagen für die Frau zu statuieren, deutlich erkennen. Daß ferner die vindicatio auch als gegen dritte Besitzer wirksam gedacht erscheint, dafür spricht die Schlußbestimmung der c. 30:

Omnis autem temporalis exceptio sive per usucapionem inducta .... ea mulieribus ex eo tempore opponatur, ex quo possint actiones movere etc ....

d. h. also Usukapionsfrist, wie jede andere Verjährungsfrist beginnt gegen die Frau erst von dem Zeitpunkte an, wo sie actiones movere kann, zu laufen. Der Pfandklage gegenüber kann die Usukapion aber nicht in Betracht kommen; denn dieselbe ist ohne jeden Einfluß auf die actio hypothecaria.

l. 1 § 2 D. de pign. 20,1:

... pignoris etenim causam nec usucapione perimi placuit.

und l. 44 § 5 D. de usurp. 41,3:

Non mutat usucapio superveniens pro emptore vel pro herede, quominus pignoris persecutio salva sit.

Windscheid, Pand. I., § 248: 3. — Dernburg, Pand. I., § 292, 4b; Pfandrecht II., § 175.

Es muß sich daher diese Bestimmung beziehen auf die Usukapion seitens eines Dritten. Denn der Mann, gegen den nach Ihering's An=

sicht allein die rei vindicatio gehen soll, kann die in seinem Besitze zurück=
bleibenden Dotalsachen nicht usukapieren. Er hat ja das Bewußtsein, daß
er zur Rückgabe derselben verpflichtet ist und daher fehlen ihm bona fides
und justus titulus. Es würde demnach diese ganze Bestimmung Justinian's
über die Usukapion überflüssig sein. Auch sonst spricht nichts in den Quellen
dafür, daß die rei vindicatio utilis einen obligatorischen Charakter habe,
vielmehr ist sie zweifellos eine dingliche Klage.

> Windscheid, Pand. I., § 174 No. 9; die Attio S. 217 f. — Dernburg,
> Pand. I., § 225 No. 11.

Zum Schluß mag noch erwähnt werden, daß die oben schon angeführte
Ansicht Löhr's — ebenso sein Schüler Jungenfeldt —, daß diese vindicatio utilis als Ausfluß des Pfandrechts aufzufassen sei, auch in c. 30 C.
cit. keinerlei Bestätigung findet. Vielmehr spricht gegen solche Auffassung
der Umstand, daß Justinian seine Neuerung mit der Anschauung des
„natürlichen Eigentums" zu entschuldigen versucht. Wäre die rei vindicatio
utilis hier nur eine Folge der der Frau gewährten actio hypothecaria, so
hätte Justinian einen derartigen Hinweis auf das natürliche Eigentum gar
nicht nötig gehabt.

> Löhr, a. O. IV., S. 74 u. III., S. 134. — Jungenfeldt, a. O. S. 48.

Soviel steht jedenfalls fest, daß die Ansicht, die Frau habe nach c. 30
cit. zum Zweck der Rückforderung der res dotales Pfandrecht und Eigentum
zugleich an denselben, heutzutage allgemein verworfen ist; vielmehr hat auch
in diesem Fall die Frau nur ein Wahlrecht, ob sie die actio hypothecaria
oder die vindicatio utilis anstellen will.

> Arndts, a. O. § 373, Anm. 2g. — Bachofen, a. O. S. 95 f. —
> Kuhlmann, a. O. S. 59 f. — Sintenis, Pfandrecht, S. 112 No. 2. —
> Vangerow, a. O. I., § 392 Anm. Ziff. 3b. — Windscheid, Pand. I.,
> § 109 No. 7 u. § 183 No. 13; II. § 503; die Attio S. 217.

§ 29.

IV. Kein Pfandrecht an der eigenen Sache in c. 6 § 2 C.
de secundis nuptiis 5,9.

Wening=Ingenheim — ebenso Mühlenbruch — hat behauptet,
daß im Fall der c. 6 § 2 C. cit., wenn die Mutter zur zweiten Ehe schreitet,
die Kinder erster Ehe an den lucra nuptialia Eigentum erhalten und außer=
dem zur vollen Sicherheit noch das Pfandrecht. — Übrigens ist bald zu

bemerfen, daß Wening=Ingenheim das gleiche auch für den Fall, daß der Vater zur zweiten Ehe schreite, hätte behaupten müssen. —

Wening=Ingenheim, a. O. S. 150. — Mühlenbruch, D. P. § 301 No. 11.

Die c. 6 § 2 C. cit. 5,9 lautet:

Impp. Leo et Anthemius (469).

Omnibus videlicet iisdem maritalibus facultatibus, his etiam, quas habet habiturave est, tanquam si jure pignoris vel hypothecae suppositae sint, super eadem ante nuptias donatione vel rebus aliis ad eam ex mariti substantia devolutis, ex eo die, quo eaedem res ad eam pervenerint, liberis obligatis: ut si quis post traditas matri vel detentas ab ea res (si ita contigerit) contractum aliquem cum eadem muliere inierit, quae se repetitis nuptiis copulaverit: in vindicandis iisdem suppositis rebus posterior habeatur: liberis, qui ex eodem matrimonio procreati sunt et nepotibus neptibusque, qui ex iisdem liberis geniti sunt, sine dubio praeponendis.

Hieraus ergiebt sich bloß, daß die Kinder eine Generalhypothek wegen der lucra nuptialia am Vermögen ihrer Mutter haben, wenn sie zur zweiten Ehe schreitet. Daß den Kindern hierin zugleich ein gesetzliches Pfandrecht an den lucra nuptialia selbst gewährt werde, wie z. B. Glück, Jungen= feldt, Fritz, Arndts annehmen, läßt sich nicht aus dieser Stelle herauslesen.

Glück, a. O. Bd. 19 S. 135. — Jungenfeldt, a. O. S. 41. — Fritz, a. O. 1., S. 547 u. S. 360. — Arndts, a. O. § 373 Anm. 2 f. β.

Bestätigung findet diese Ansicht durch die dieser Konstitution entsprechende Verordnung Justinian's vom Jahre 528. Es ist dies die

c. 8 § 4 C. cit. 5,29:

Justinianus: In illo etiam veterem sanctionem adimplentis prae-cipimus exemplo matris, cujus res post secundas nuptias filiis ex priore matrimonio natis suppositae sunt ad conservanda ea lucra, quae ex priore marito ad eam pervenerunt, patris quoque bona, quae habet habiturusque est, filiis ex priore matrimonio natis post secundas eas nuptias ad ea conservanda, quae ex eorum matre lucratus est, supposita esse.

Justinian verweist hier ausdrücklich auf das frühere Gesetz und wieder= holt sogar seinen Inhalt; derselbe stimmt mit der obigen Meinung, daß nur von einem Legalpfandrechte am gesammten Vermögen der Mutter wegen der lucra nuptialia zu Gunsten der Kinder erster Ehe gesprochen werde, voll= kommen überein. Justinian bestimmte nun ganz entsprechend, daß den Kindern ein gleiches Pfandrecht auch am Vermögen des Vaters — ad con- servanda lucra etc. — zustehen solle, wenn derselbe zur zweiten Ehe schreite. Von einem Pfandrecht an den lucra nuptialia selbst ist auch hier nichts erwähnt.

Zum näheren Verständnis dieses conservare muß Folgendes bemerkt werden: Ursprünglich hatten die Kinder erster Ehe gar keinen Rechtsanspruch auf die lucra nuptialia. Einzig und allein eine moralische Pflicht war es für den parens binubus den Kindern erster Ehe die lucra nuptialia nicht zu entziehen. Erst im Jahre 382 u. Chr. erhoben die Kaiser Gratian, Valentinian und Theodos diese Sitte zum Rechtssatz für die Mutter durch c. 3 C. cit. 5,9 und ein halbes Jahrhundert später im Jahre 439 legten Theodos II. und Valentinian III. in c. 5 C. cit. 5,9 die gleiche rechtliche Verpflichtung dem pater binubus auf. Beide Konstitutionen be= zwecken die unverminderte Hinterlassung der lucra an die Kinder.

c. 3 pr. C. cit.:

... id totum ita ut perceperint, integrum ad filios, quos ex prae- cedente conjugio habuerint, transmittant ....

c. 5 cit.:

... servare communibus liberis...

Der parens binubus hatte nur das Recht auf Besitz und Genuß; es war ihm nicht erlaubt zu veräußern; geschieht dies dennoch, so wird der Wert des veräußerten aus seinem Vermögen ersetzt.

c. 3 pr. C. cit.:

... atque habeant potestatem possidendi tantum atque fruendi in diem vitae, non etiam alienandi facultate concessa. Nam si quid ex iisdem rebus in alium quemlibet fuerit ab ea translatum: ex maternis redintegrabitur facultatibus.

c. 5 pr. C. cit.

Alienandi sane vel obligandi suo nomine eas res ... adempta licentia est.

Ergebnis ist also: Der parens binubus hat keine Veräußerungsbefugnis der lucra nuptialia, nur einen Usus fructus an denselben; m. a. W. das Eigen= tum steht den Kindern erster Ehe zu. Dies bestätigt Theodos II. und Valentinian III. in c. 5 C. cit. mit den Worten:

Dominium autem rerum ... ad liberos pertinere decernimus. Ita- que defuncto eo, qui eas liberis servabat, exstantes ab omni possessore liberi vindicabunt; consumptos vero ab heredibus ejus exigent, qui eas servare debuerant[1]).

Dieses Eigentumsrecht der Kinder ist nur dadurch beschränkt, daß der parens das Recht hat, beliebig die lucra unter die Kinder zu verteilen. c. 5 pr. i. f. cit.:

... Dividendi quoque res inter eos liberos ipsis parentibus pro suo arbitrio vel eligendi quem voluerint licentiam non denegamus. . Letzteres bejeitigte Justinian — vgl. Nov. 2 c. 1:... confusum hoc electionibus indiscretumque! —, er bestimmte sofortigen „unbeschränkten" Eigentumsübergang an den lucra auf die Kinder. Der Nießbrauch verbleibt dem parens binubus.

Nov. 2 c. 1 (535):

... matre semel ad secundas nuptias veniente, lucrum mox omnium filiorum proprietatem antenuptialis fieri donationis: et nullam esse licentiam matri alios quidem filiorum eligere alios autem exhonorare ... usu apud matrem donec vivet servando...[2])

Auf diese Weise dürfte das ad conservanda lucra etc. hinreichend erklärt jein.

Ternburg, Pfandrecht I., S. 374.

Somit ergiebt sich die Unrichtigkeit der Wening'schen Ansicht, daß den Kindern an den lucra nuptialia Pfandrecht und Eigentum zugleich zustehe. Vielmehr haben die Kinder das Recht, die zu den lucra nuptialia gehörigen noch vorhandenen Sachen zu vindicieren; sind dieselben nicht mehr da, so können sie sich auf Grund des ihnen zukommenden Generallegalpfandrechts an das ganze Vermögen halten.

c. 5 C. cit. 5,9:

... Itaque defuncto eo, qui eas liberis servabat, exstantes ab omni possessore liberi vindicabunt; consumptos vero ab heredibus ejus exigent, qui eas servare debuerant.

Glück, a. O. Bd. 19 S. 137. — Bangerow, a. O. I., § 375, Anm. 3 u. § 392 Anm. 3b. — Arndts, a. O. § 373 Anm. 2 f. β. — Bachofen, a. O. S. 96. — Friß, a. O. S. 547 Anm. 360. — Jungenfeldt, a. O. S. 40. ff. — Kuhlmann, a. O. S. 60 ff. — Sintenis, Streitfragen, S. 97 f.

---

[1]) Trotzdem will Jungenfeldt a. O. S. 43 nur ein Pfandrecht an den lucra nuptialia annehmen.

[2]) Vgl. auch Nov. 89 c. 1 vom Jahre 539.

Zweiter Teil.

§ 30.

Welches ist die rechtliche Bedeutung des Pfandrechts an der eigenen Sache?

Im vorigen Teil haben wir an der Hand der Quellen den Nachweis versucht, daß ein Pfandrecht an der eigenen Sache möglich ist,

erstens, wenn der vorgehende Pfandgläubiger das Eigentum der ihm verpfändeten Sache erwirbt,

zweitens, wenn der Eigentümer ein vorgehendes Pfandrecht erwirbt,

drittens, wenn jemand Pfandrecht und Eigentum zu gleicher Zeit erwirbt.

Jetzt soll noch kurz auf die Bedeutung hingewiesen werden, die dem Pfandrecht an der eigenen Sache nach römischem Rechte zukommt. Wie die Quellen deutlich zeigen, ist der Pfandgläubiger-Eigentümer in der Lage, sich gegen die Verfolgung der nachstehenden Pfandrechte zu schützen. Die Fortdauer seines Pfandrechts verhindert die Nachpfandgläubiger, ihr Recht gegen ihn geltend zu machen, „sich den Vermögenswert der ihm gehörigen Sache anzueignen". (Windscheid, Pand. I., § 248 No. 28.) Dieser Gedanke tritt uns namentlich in folgenden Stellen entgegen:

l. 17 D. qui pot. 20,4:

... eatenus tuendum, quatenus ad priorem creditorem ex pretio pecunia pervenit.

c. 3 C. de his qui in prior 8,18:

... in jus eorum successisti et contra eos, qui infirmiores illis fuerunt, justa defensione te tueri potes.

Ist der Pfandgläubiger-Eigentümer im Besitze des Pfandes, so setzt er den nachstehenden Pfandgläubigern, wenn diese ihr Pfandrecht ausüben wollen, die Einrede des besseren Pfandrechts entgegen.

l. 12 pr. D. qui pot. 20,4:

Marcianus lib. sing. ad form. hyp.

Creditor, qui prior hypothecam accepit, sive possideat eam et alius vindicet hypothecaria actione, exceptio priori utilis est: si non mihi ante pignori hypothecaeve nomine sit res obligata…

Arndts, a. O. § 309 Anm. 2 Ziff. 1. — Simon, im Archiv f. civ. Prax., 61 S. 57. — Windscheid, Pand. I., § 248 No. 28. — Seuffert, a. O. § 202b. — Buchta, a. O. S. 21. — Bähr, in Dogm. Jahrb., Bd. XI., S. 95 No. 52. — Roth, a. O. S. 119 ff. — Bening-Ingenheim, a. O. S. 140. — Dernburg, Pfandrecht II., S. 489 No. 13. — Jungenfelbt, a. O. S. 30, Note.

Ist ein posterior creditor im Besitz, so kann der Pfandgläubiger-Eigentümer entweder mit der rei vindicatio auftreten und der Berufung des Gegners auf sein Pfandrecht die Replik des besseren Pfandrechts entgegensetzen oder er kann die actio hypothecaria anstellen, sich also von vornherein bloß auf sein besseres Pfandrecht stützen.

l. 30 § 1 D. de exc. rei jud. 44,2. — l. 59 pr. D. ad Sctum Trebell. 36,1. — Bangerow, a. O. I., § 392 Anm. Ziff. 3a. Abf. 5. — Windscheid, Pand. I., § 248 No. 28. — Arndts, a. O. § 389 Anm. 2 No. 2 — Roth, a. O. S. 120. — Vgl. oben S. 4 ff. u. S. 25 ff.

Diesen Schutz genießt der Pfandgläubiger-Eigentümer so lange, als die nachstehenden Pfandgläubiger nicht von ihrem jus offerendi et succedendi Gebrauch machen. Haben sie ihm den Betrag seiner Pfandforderung ausbezahlt, so können sie nunmehr unbehindert ihre pfandrechtlichen Befugnisse ausüben.

c. 1 C. si antiq. 8,19: (s. oben S. 17 ff.)

… Sed ita persequens res obligatas audieris, si quod eidem possessori propter praecedentis contractus auctoritatem debitum est obtuleris.

l. 3 § 1 D. de distr. 20,5: (s. oben S. 32 f.)

… emtori poterit offerri (sc. a secundo creditore), quod ad alium creditorem de nummis ejus pervenit et usurae medii temporis.

Wie wir eben sahen, liegt nach den Quellen die rechtliche Bedeutung des Pfandrechts an der eigenen Sache einzig darin, daß der Pfandgläubiger-Eigentümer die nachstehenden Gläubiger an der Durchführung ihres Rechtes hindern kann. M. a. W.: er ist im Besitz der Sache nicht nur gegen Dritte, sondern auch gegen die nachstehenden Pfandgläubiger geschützt.

Ob noch eine weitere Wirkung anzunehmen sei, ob der Eigentümer seine Sache jure pignoris verkaufen darf, darüber fehlt jede Äußerung in den

Quellen. Man hat daher fast allgemein dem Pfandgläubiger-Eigentümer das Recht als Pfandgläubiger zu verkaufen abgesprochen. Begründet wird diese Meinung in der Regel damit, daß der Pfandgläubiger-Eigentümer, weil er schon Eigentümer sei, durch Verkauf der Sache nicht Befriedigung seiner Forderung erlangen könne. Vertreten ist diese Ansicht bei Buchka, Fried=mann, Fritz, Jhering, Jungenfeldt und Windscheid.

Buchka, a. O. § 5 S. 20 ff. — Friedmann, a. O. S. 21. — Fritz, a. O. S. 546 i. f. — Jhering, a. O. Bd. 10 S. 453 No. 77. — Jungen=feldt, a. O. § 7 S. 16. — Windscheid, Pand. 1., § 248 No. 28.

So sagt z. B. Jungenfeldt: „Wie sollte es wohl vorkommen können, daß dem Eigentümer aus einem anderen Grunde, als weil er Eigentümer ist, und nur in Gefolge eines besonderen Rechts die Veräußerungsbefugnis zustehe, und wie sollte er durch die Veräußerung seiner eigenen Sache seine Forderung zu realisieren im Stande sein?"

Am eingehendsten äußert sich Buchka. Seine Ausführungen sind etwa folgende: Der Endzweck des dem Pfandgläubiger zustehenden Verkaufsrechts sei unzweifelhaft darin zu suchen, daß der Pfandgläubiger sich durch An=eignung des Wertes der Pfandsache für seine Forderung befriedige. Habe nun der Gläubiger schon Eigentum an dem Pfande, so brauche er sich nicht erst den Wert desselben durch Verkauf anzueignen; ja er könne dies nicht einmal, weil das Pfand eben schon einen Bestandteil seines Vermögens bilde. Könne er dies aber nicht, so fehle ihm auch die Macht „das Pfand zur Befriedigung seiner Forderung zu verwerten". Ebenso wenig sei er dann unstande, die Pfandrechte der Nachhypothekare (durch einen derartigen Ver= kauf jure pignoris) zu zerstören.

Auf den ersten Blick erscheint diese Auseinandersetzung zutreffend. Daß sie nicht vollkommen genügt, dürfte G. Hartmann erwiesen haben, der, wie Kuhlmann, die herrschende Lehre verwirft und dem Pfandgläubiger-Eigen= tümer den Verkauf der eigenen Sache jure pignoris zugestehen will.

G. Hartmann, a. O. S. 112—115. — Kuhlmann a. O. S. 35 ff.

Beide Schriftsteller gehen davon aus, daß für den Pfandgläubiger= Eigentümer ein Verkauf jure pignoris von viel größerem Interesse sei, als ein Verkauf kraft Eigentumsrechts. Denn nur durch den Verkauf der ersteren Art könne er die nachstehenden Pfandrechte vernichten. Auch sonstige ding= liche Rechte, mit denen die Sache belastet wurde, nachdem ihm Pfandrecht bestellt war, gehen nur durch Verkauf jure pignoris zu Grunde.

c. 1 C. si antiq. 8,19:

Si vendidisset, qui ante pignus accepit, persecutio tibi hypothecaria superesse non potest.

Auch hinsichtlich der Haftung wegen Eviktion sei der Pfandgläubiger besser gestellt als ein anderer Verkäufer. Vgl. l. 11 § 16 D. de act. emti 19,1.

Bindscheid, Pand. I., § 237 No. 19 u. 22. — Dernburg, Pfand= recht II., S. 148 ff. u. S. 178 f.

Wenn aber der Verkauf kraft Pfandrechts ein von dinglichen Lasten freies Eigentum übertrage, so sei mit Sicherheit anzunehmen, daß die Käufer höhere Preise bewilligen werden, als im Fall des Verkaufs jure dominii. Mithin könnte sich der Eigentümer-Pfandgläubiger den Wert der Sache in der letzteren Eigenschaft in weit vollkommenerer Weise aneignen als in der ersteren. Es sei nicht einzusehen, weshalb er so nicht verfahren dürfe, um sich Befriedigung für seine Forderung zu verschaffen. Das Stillschweigen der Quellen sollte uns nicht abhalten, aus dem Dasein des Pfandrechts auf die pfandrechtliche Verkaufsbefugnis zu schließen.

Die Vertreter der hier dargelegten Lehre setzen voraus, daß die Frage nach dem Verkaufsrecht jure pignoris zu bejahen sei, wenn gezeigt ist, daß „es einen denkbar praktischen Sinn hat, dem Hypothekar-Eigentümer das Veräußerungsrecht auch in seiner Eigenschaft als Pfandgläubiger beizulegen" (so G. Hartmann, a. O. S. 114). Den Beweis dieses letzteren Satzes wird man unbedenklich für erbracht halten dürfen. Dagegen ist es sehr zweifelhaft, ob dieser Punkt den Ausschlag geben kann bei der Entscheidung der vorliegenden Frage. Aus den Quellen ist zu ersehen, daß die Römer das Pfandrecht neben dem Eigentum nur aus Billigkeitsrücksichten, nur zum Schutze gegen nachstehende — sonst ohne Weiteres aufrückende — Pfand= gläubiger in ganz bestimmten Fällen fortbestehen lassen. Grundsätzlich ist ihnen die Hypothek ein Recht an fremder Sache. Wenn sie hieran nicht streng festhalten, so gehen sie doch keinen Schritt weiter als notwendig war, um unleidliche Härten zu beseitigen. Um den Eigentümer vor Schaden zu schützen, zum Zweck der Verteidigung gegen die Angriffe der Nachhypo= thekare, ist ihm die Berufung auf das eigene Pfandrecht gestattet. Nichts deutet darauf hin, daß die anomale Eigentümerhypothek mit denselben Wir= kungen ausgestattet war, wie die regelmäßige, und Billigkeitsgründe sprechen gewiß nicht für die Gewährung der Befugnis, durch Verkauf jure pignoris die Nachhypotheken und andere dingliche Rechte zu vernichten. Demnach.

wird es erlaubt sein, aus dem Stillschweigen der Quellen den Schluß abzuleiten, daß das Nichterwähnte den Römern auch nicht bekannt war.

Vgl. auch **Windscheid**, Band. 1., § 248 No. 28. — **Dernburg**, Band. 1., § 292; 3.

— Zum Schluß möge noch der Frage gedacht werden, wie es steht, wenn der Pfandgläubiger-Eigentümer die Sache als Eigentümer veräußert oder seine Pfandforderung einem Anderen cedirt. Es dürfte nach dem obigen keinem gegründeten Zweifel unterliegen, daß in beiden Fällen die Hypothek wieder zu einem Rechte an fremder Sache wird und nach den für das gewöhnliche Pfandrecht maßgebenden Grundsätzen auszuüben ist. Haben wir doch zu zeigen versucht, daß eine Person gleichzeitig Eigentum und Hypothek an einer Sache haben kann. Weshalb sollte sie nicht das eine Recht ohne das andere übertragen können? Die Umwandlung der Hypothek in ein Pfandrecht gewöhnlicher Art ist nur die nothwendige Folge der zweifellos zulässigen Veräußerung. In diesem Sinne entscheiden denn auch **Buchka**, **G. Hartmann**, **Roth**, **Windscheid** gegen **Dernburg**.

Buchka, a. O. S. 26 u. 30. — **G. Hartmann**, a. O. S. 115. — **Roth**, a. O. S. 120. — **Windscheid**, Band. 1., § 248 No. 29. — **Dernburg**, Pfandrecht II., S. 568.

Druck von Gebrüder Böhm in Kattowitz.

Inhalts-Angabe.

Einleitung.

Lebenslauf.

Ich, Alfred Wieszner, Sohn des Gymnasial-Oberlehrers Professor Dr. phil. Carl Wieszner, evangelischen Bekenntnisses, wurde geboren in Breslau am 16. Juli 1868. Meine Schulbildung erhielt ich daselbst auf dem städtischen Gymnasium zu St. Elisabet, welches ich mit dem Zeugnis der Reife Michaelis 1887 verließ.

Hierauf widmete ich mich dem Studium der Rechtswissenschaft und war auf der Universität zu Breslau sieben Semester immatrikuliert, und zwar von Michaelis 1887 bis Michaelis 1890, sowie im Wintersemester 1891/92. Während dieser Zeit hörte ich die Vorlesungen der Herren Professoren Bennecke, Brie, Bruck, Dahn, Elster, von Miaskowski, Schott, Stampe, Freiherr von Stengel, Wlassak, und nahm Teil an den Übungen im juristischen Seminar der Herren Professoren Brie, Bruck, Dahn, Schott und Freiherr von Stengel. Allen diesen Herren fühle ich mich gedrungen, auch an dieser Stelle meinen innigsten Dank auszusprechen für das freundliche Entgegenkommen und für die vielfachen Anregungen, die sie mir gegeben haben, namentlich aber Herrn Professor Wlassak, welcher mir bis in die jüngste Zeit so zahlreiche Beweise seines Wohlwollens hat zu Teil werden lassen.

Am 22. Oktober 1892 bestand ich die erste juristische Prüfung am Kgl. Oberlandesgericht zu Breslau und am 22. Dezember 1892 magna cum lande das examen rigorosum. Seit 31. Oktober 1892 bin ich am Kgl. Amtsgericht zu Wansen beschäftigt.

Thesen.

1. Nach römischem Recht findet sich die praescriptio immemorialis nur bei solchen Rechten, auf welche nach ihrer publizistischen Natur und Entstehungsart die Ersitzung nicht anwendbar ist.

2. Die römischrechtlichen Bestimmungen über die Alimentation unehelicher Kinder sind durch das kanonische Recht nicht geändert worden.

3. Tacitus gebraucht in seiner Germania den Ausdruck »princeps« in verschiedener Bedeutung.